Wolfgang Oberröder
Hilf mir beten, Herr!

Wolfgang Oberröder

Hilf mir beten, Herr!

Beten mit dem Johannesevangelium

 Verlag Ludwig Auer Donauwörth

1. Auflage. 1987
© by Ludwig Auer GmbH, Donauwörth. 1987
Alle Rechte vorbehalten
Mit kirchlicher Druckerlaubnis des Bischöflichen
Ordinariates Augsburg vom 17. Oktober 1986
Gesamtherstellung: Ludwig Auer GmbH, Donauwörth
ISBN 3-403-0**1854**-7

Inhalt

Beten – Sein Leben zur Sprache bringen 7

Im Anfang war das Wort (Joh 1,1) 9

Das Licht leuchtet in der Finsternis, und die
Finsternis hat es nicht erfaßt (Joh 1,5) 11

Mitten unter euch (Joh 1,26) 13

Kommt und seht! (Joh 1,39) 15

Folge mir nach! (Joh 1,43) 19

Die Mutter Jesu war dabei (Joh 2,1) 21

Was er euch sagt, das tut! (Joh 2,5) 24

Der Geist weht, wo er will (Joh 3,8) 26

Einer sät, ein anderer erntet (Joh 4,37) 27

Er ist wirklich der Retter der Welt (Joh 4,42) . . . 30

Wenn ihr nicht Zeichen und Wunder seht,
glaubt ihr nicht (Joh 4,48) 31

Herr, ich habe keinen Menschen (Joh 5,7) 34

. . . und doch lehnt ihr mich ab (Joh 5,43) 35

Fürchtet euch nicht! (Joh 6,20) 37

Ich bin das Brot des Lebens (Joh 6,35) 39

Herr, zu wem sollen wir gehen? (Joh 6,68) 42

Wer von euch ohne Sünde ist, werfe als erster
einen Stein! (Joh 8,7) 44

Ich bin das Licht der Welt (Joh 8,12) 45

Ich bin der gute Hirt (Joh 10,11) 48

Herr, dein Freund ist krank (Joh 11,3) 50

Wer an seinem Leben hängt, verliert es (Joh 12,25)	52
Liebt einander! (Joh 13,34)	55
Euer Herz lasse sich nicht verwirren! (Joh 14,1)	57
Ich bin der Weg und die Wahrheit und das Leben (Joh 14,6)	59
Meinen Frieden gebe ich euch (Joh 14,27)	61
Ich bin der Weinstock; ihr seid die Reben (Joh 15,5)	63
Nicht ihr habt mich erwählt, sondern ich habe euch erwählt (Joh 15,16)	65
Euer Kummer wird sich in Freude verwandeln (Joh 16,20)	68
Bittet, und ihr werdet empfangen (Joh 16,24)	70
... damit sie eins sind wie wir (Joh 17,11)	73
Es ist vollbracht (Joh 19,30)	75
Warum weinst du? (Joh 20,13)	78
Mein Herr und mein Gott (Joh 20,28)	81
Herr, du weißt alles, du weißt, daß ich dich liebhabe (Joh 21,17)	83
Zu den Abbildungen	85

Beten – Sein Leben zur Sprache bringen

Zur Einleitung

Vieles – *allzu vieles?* – ist über die Not des Betens geredet und geschrieben worden. Manche der Gebetsnöte sind erst dadurch entstanden. Natürlich weiß auch ich von Menschen, die ihrem Schöpfer gegenüber einfach keine Worte formulieren können. Ich weiß von den vielen, denen niemals gelehrt wurde, das Wort an das größere Gegenüber zu richten, dem sie alles verdanken. Auch mir ist bekannt, daß mancher, der zu den Betern gehörte, vor Gott stumm geworden ist, weil zu vieles an Schicksalsschlägen über ihn hereingebrochen ist.

Dennoch dürfen wir davon ausgehen, daß viel mehr Menschen beten, als sie selber das zugeben würden. Viele wenden sich in letzter Verzweiflung dem zu, von dem allein sie noch Hilfe erwarten können. Ungezählt viele Gläubige sind es landauf und landab, die in Treue sich und ihrem Gott gegenüber das Gespräch mit ihm nie verstummen lassen. Anbetung, Preis, Dank und Bitte finden sich so formuliert, und mag es in noch so einfachen Gedankensplittern geschehen.

Wichtig vor allem, daß das Gebet nie aufhört. Das Gebet ist kein Selbstgespräch, es hat ein Gegenüber. Wenn in einer menschlichen Beziehung das Gespräch aufgehört hat, wird keiner von einem lebendigen Miteinander sprechen. Wo Menschen das Gespräch mit Gott einstellen, kann ihre Beziehung zu ihm als dem Urgrund allen Lebens nicht lebendig sein.

Dieses Büchlein will keine Theorie über das Beten liefern, sondern helfen, eine Praxis lebendigen Betens zu vertiefen. Mit dem Johannesevangelium sollen biblische Aussagen als Ansätze für das persönliche Gebet dienen. Gleichzeitig möchten diese Gebetsgedanken Anlaß geben, das Evangelium wieder zur Hand zu nehmen und meditierend mit dem eigenen Leben zu vergleichen. Dabei wird sichtbar werden, daß die Heilige Schrift ein sehr aktuelles Buch ist und mit dem einzelnen immer direkt zu tun hat. Die vorliegenden Texte verstehen sich als Anregung, sein Leben vor Gott zur Sprache zu bringen, ihm wie einem guten Freund alles an Ängsten und Nöten, aber auch Dank und Zuversicht anzuvertrauen. Wer sein Gespräch mit Gott in dieser Weise pflegt, wird erfahren, daß er so im Namen Jesu betet und deshalb die Verheißung des Herrn an ihm wahr werden kann: „Bittet, und ihr werdet empfangen." (Joh 16,24)

Im Anfang war das Wort
(Joh 1,1)

Herr und Gott, ich bete zu dir. Ich versuche meine Gedanken zu sammeln. Mein Glaube sagt mir, daß du mich hörst. Du bist kein leeres Gegenüber. Meine Worte zu dir finden ihr Ziel in dir, der du immer für mich da bist.

Du bist die lebendige Wirklichkeit meines Lebens. Ich weiß, daß alles von dir kommt. Alles, wofür ich in meinem Leben zu danken habe, stammt von dir. Auch das Schwere mutest du mir zu. Wenn ich in Verbindung mit dir bleibe, kann ich alles tragen.

Oftmals aber fühle ich mich leer, verlassen von allem, auch von dir. Doch, Herr, ich halte daran fest, daß nicht du es bist, der mich verläßt, sondern daß ich es bin, der seine eigenen Wege gehen möchte. Vom Anfang der Zeiten an hast du deine Schöpfung ins Leben gerufen. Du hast alles Sein gewollt und in deiner Macht auch mein Leben geschaffen. Vor dir bin ich keine unbekannte Größe, keine austauschbare Nummer. Vor dir bin ich der Mensch, für den du das Leben bei dir vorhergedacht hast. Damit ich meinen Weg finde, hast du Jesus Christus einen von uns Menschen werden lassen. Er ist dein ewiges Wort, ohne das nichts werden konnte.

Herr, nur darum bitte ich dich: daß ich immer auf dich rechnen werde; daß ich mich niemals von dir entferne; daß ich jeden Tag weiß, welches Geschenk Jesus Christus für mein Leben und für das Leben der ganzen Welt bedeutet. Wenn ich darin feststehe, daß du von allem Anfang das Heil aller Menschen willst, kann mir im letzten nichts zustoßen, nichts Böses widerfahren.

Hilf mir zu beten, Herr und Gott, damit ich mich stets aufs neue deiner Nähe vergewissern kann. Dein heilschaffendes ewiges Wort möge mich immer mit seiner Kraft und seiner Nähe begleiten. Ich möchte mehr als bisher mein Leben vor dir zur Sprache bringen. Dein Wort, das du durch Jesus Christus zu mir gesprochen hast, will ich beantworten durch die Worte und Taten meines Lebens: Worte, die deine Größe weitersagen, und Taten, die deine Liebe vor den Menschen sichtbar werden lassen.

Das Licht leuchtet in der Finsternis, und die Finsternis hat es nicht erfaßt
(Joh 1,5)

Herr und Gott, oftmals ist es so dunkel in dieser Welt und in meinem Leben. Das Dunkle dieser Welt, das Böse und Unmenschliche, scheint immer mächtiger zu werden. Keine Zeitung kann ich aufschlagen, keine Nachrichten hören, ohne mit neuen Greueltaten konfrontiert zu werden. Immer schlimmer wird es, was Menschen einander antun. Die Achtung vor dem Menschenleben wird immer geringer. Der Kreislauf des Bösen dreht sich immer schneller.

Auch in meinem Leben ist das Dunkle eine traurige Wirklichkeit. Du kennst meinen Glauben, weißt aber auch, wie schwach ich bin. Dir ist mein guter Wille bekannt, aber auch die Halbherzigkeit, mit der ich vieles angehe. Auch ich versinke in dunkle Gedanken und meine, von aller Welt und dir verlassen zu sein. Ich kämpfe gegen das Böse in mir an und merke doch, daß ich immer wieder falle. Auch in mir, der ich dich suche, ist die Sünde ein ständiger Begleiter.

Ich höre deine Botschaft, Herr: Dein Licht leuchtet in der Finsternis. Doch auch ich gehöre zu denen, die dieses Licht nicht erfassen. Auch ich schenke dir nicht genügend Raum in meinem Leben. Viele Dinge sind mir wichtig, erst dann kommst du.

Warum nur, Gott, tun wir Menschen uns so schwer, dich als das Befreiende in unserem Leben stark werden zu lassen und das Finstere und Böse zu verbannen? Alle deine Geschöpfe sehnen sich nach deinem Licht. Dann aber wirken wir doch zusammen, damit es wieder finster wird.

Durch den Glauben an dich und deinen Sohn Jesus Christus schenkst du Licht für mein Leben. Laß mich diese Gabe, deine Gnade erfassen und festhalten. Aus dem Licht schenkst du Freude, die Frieden bringt und zum Guten anstiftet. Ich will mitwirken, daß unsere Welt heller wird und schöner und menschenfreundlicher. Hilf mir angefochtenem Geschöpf dabei und führe alle Welt aus ihrer selbstgeschaffenen Dunkelheit in deine Helle.

Mitten unter euch
(Joh 1,26)

Auf irgendeine Weise suchen alle Menschen dich, den Gott unseres Lebens. Viele gehen Irrwege bei dieser Lebenssuche. Viele meinen, sich selber Glück schaffen zu können. Andere sehen nur sich selber und bleiben bei ihrer Glückssuche unerfüllt. Weitere interessiert nur ihr persönlicher Vorteil ohne Rücksicht auf den Mitmenschen. Wieder andere glauben an Ideen, Ideologien, von Menschen gemachte Glauben und bleiben irgendwann auf der Strecke.

Alle gemeinsam suchen wir den Urgrund unseres Lebens. Auch solche, die es mit dem Glauben an dich versuchen, klagen, daß sie dich nicht immer finden. Wir erwarten große Zeichen und Ereignisse und denken zu wenig daran, daß du uns jeden Tag im Kleinen und Alltäglichen begegnest.

Mitten unter uns aber hast du das größte Zeichen gesetzt, das du uns vor Augen halten konntest: deinen Sohn Jesus Christus. Er ist lebendige Gegenwart und Wirklichkeit, wo immer wir ihn erfahren möchten. Er ist mitten unter uns, aber wir erkennen ihn häufig nicht.

Mitten unter uns ist er gegenwärtig, wenn wir uns zu einer Tat des Gutseins aufraffen, wenn wir teilen, Verzeihung üben, ein Opfer bringen.
Mitten unter uns ist er, wenn wir allein oder gemeinschaftlich zu dir sprechen.

Mitten unter uns ist er, wenn wir in deinem Namen versammelt sind und dir dienen dürfen.
Wie viele Menschen mit ihrer Glaubenserfahrung, so laß auch mich teilhaben an der Erkenntnis, daß ich nicht auf spektakuläre Ereignisse zu warten brauche, sondern daß ich dich in allen Vollzügen meines Lebens finden kann.

Mitten unter uns ist deine Gegenwart.
Mitten unter uns dein erhöhter Sohn Jesus Christus, mitten unter uns deine Liebe und Güte, deine Treue und Stärke.
Laß mich dich in allem sehen, dich finden, damit mein ganzes Leben ein Preisgesang deiner Gegenwart werde.

Kommt und seht!
(Joh 1,39)

Herr Jesus Christus, du hast uns die Nähe deines Vaters vermittelt. Mit dir ist das Reich Gottes zu uns gekommen. Es ist schon da, wenn auch noch nicht vollendet.
Als die ersten Jünger dir nachfolgen wollten, fragten sie nicht nach deiner Lehre, sondern: „Meister, wo wohnst du?" Deine Antwort war zugleich eine Einladung: „Kommt und seht!" Dieses Wort gilt auch uns. Wir sollen kommen und sehen, wie du bist, wie du auf die Menschen zugehst, wie du glaubst und betest, wie die Nähe zu dir gesund und heil macht.

Jesus, mein Freund und Bruder, ich will in deiner Nähe wohnen. Ich darf sehen, wie du dich gerade der Kleinen, Schwachen und Benachteiligten angenommen hast. Auch mich führst du heraus aus meiner Verlorenheit, weil dein Wort auch mir gilt: „Nicht die Gesunden brauchen den Arzt, sondern die Kranken." Von mir nimmst du die Lähmung meiner Glaubensträgheit, wenn du zu mir sprechen kannst: „Steh auf und geh, dein Glaube hat dir geholfen." Du wirst auch bei mir zu Gast sein, wenn ich bereit bin, mein Leben mehr nach dir auszurichten, weil du auch mir zusagst: „Diesem Hause ist heute Heil widerfahren." Du öffnest auch mir die Augen zum Sehen des Wichtigen und Entscheidenden, so wie du damals Blinde geheilt hast. Auch mich führst du heraus aus mei-

nen Zukunftsängsten, wenn du zu mir sprichst: „Im Hause meines Vaters gibt es viele Wohnungen."

Herr Jesus Christus, deine Worte und Taten sind Wegweisung für mich. Ich darf kommen und sehen, was du Großes auch an mir wirken willst. Ich danke dir für die Worte des Lebens. Ich danke dir für das Beispiel deines Dienens, dafür, daß wir einander annehmen sollen, wie du uns angenommen hast. Dank dir für die Vergebung, die du gewährt hast und die wir üben sollen nach deiner Weisung: „Wie ihr einander vergebt, so wird auch euch vergeben werden." Dank dir, daß ich nicht alleine bin im Tragen der schweren Lasten dieses Lebens. Auch du hast darum gebetet, daß der Kelch des Leidens an dir vorübergehen solle. Doch du hast dein ganzes Leben unter den Willen des Vaters gestellt. Deshalb danke ich besonders für dein Beispiel des Gebetes der Hingabe: „Doch, Vater, nicht mein Wille geschehe, sondern der deine."

Wenn ich bereit bin, in deine Nähe zu kommen und deine großen Taten zu sehen, dann darf ich Anteil haben an dem, was kein Auge gesehen, was kein Ohr gehört hat und was in keines Menschen Herz gedrungen ist.

Folge mir nach!
(Joh 1,43)

Jesus Christus, unser Herr und Bruder, deine Sendung in unserer Welt hast du immer mit deiner Person verbunden. Den Willen des Vaters im Himmel zu erfüllen, bedeutet, auf dich zu schauen, deine Lehre zu hören und zu befolgen, in der Bezogenheit zu dir zu leben. Die ersten Jünger haben auf dein kurzes Wort „Folge mir nach!" ihr ganzes Leben verändert. Sie ließen ihren Beruf zurück, ihre angestammte Heimat, Freunde und Sicherheiten. Sie erklärten sich bereit, dein beschwerliches Wanderleben zu teilen und schließlich ihren eigenen Kreuzweg zu gehen.

Jesus Christus, auch ich bin in deine Nachfolge gerufen. Ich vernehme diesen Auftrag als die wichtigste Botschaft in meinem Leben. Zunächst danke ich dir, daß ich dir so viel bedeute, daß du mich persönlich ansprichst. Dann danke ich auch dafür, daß es viele Menschen gibt, die mir vorleben, was es heißt, Christ zu sein. Es sind große Gestalten der Geschichte, unsere Heiligen. Es sind Menschen meiner Gegenwart, durch deren Leben ich vieles vom Glauben an dich und vom Befolgen deines Nachfolgerufes erfahre. Es sind gläubige Menschen in unserer Kirche, die mir helfen, meinen Glauben und mein Leben zu deuten.

Dazu aber, Herr, muß ich gestehen, daß ich mich immer noch schwer tue, dein Wort der Nachfolge in meinem Leben konsequent durchzuhalten. So vieles hält mich an mir selber fest. Dein Ruf ist radikal, geht an die Wurzeln meines Seins: Alles soll ich zurücklassen, Eltern und Geschwister, den Lebenspartner, Hab und Gut. Zwar hast du mir vorgelebt, was es bedeutet, alles hinzugeben, einschließlich des eigenen Lebens. Doch ich bin zu schwach dafür. So kann ich nur bitten, daß du meine bescheidenen Versuche annimmst, dein Jünger zu sein. Du weißt, daß ich dir nachfolgen möchte. Nimm mich an, wie ich bin, aber gestalte mich mehr nach deinem Willen.

Stärke, so bitte ich dich, meinen Glauben in mir, daß ich mehr erreichen kann, als ich selber für möglich halte. Schließlich führt der Weg deiner Nachfolge hinein in die unbegreifbare Liebe des Vaters. Du verheißt allen, die dir folgen, hundert-, ja tausendfachen Lohn. Laß mich dein Jünger sein, frei von Feigheit und Angst, geborgen in deiner Nähe, verbunden mit dir und den vielen, die dein Wort verwirklicht haben: „Folge mir nach!"

Die Mutter Jesu war dabei
(Joh 2,1)

Heilige Maria, ich richte mein Gebet auch zu dir. Nur an wenigen Stellen in der Heiligen Schrift wirst du erwähnt. Nur einzelne Worte aus deinem Mund werden uns überliefert. Dennoch bist du die Frau, ohne die das Heilswirken Gottes in unserer Welt einen anderen Verlauf genommen hätte. In der wichtigen Stunde, als der Bote Gottes in dein Leben eintrat, bist du erschrocken und hast gefragt, weshalb der große und ewige Gott gerade dich auserwählt habe. Du hast überlegt, was Sein Wille für dich bedeuten könnte. Seiner Verheißung hast du vertraut: „Die Kraft des Höchsten wird dich überschatten." Darum konntest du die Antwort des Glaubens sprechen: „Mir geschehe, wie du gesagt hast."

Heilige Maria, du wußtest, daß das Ja zu Gott oftmals schwer zu leben ist. Dir war prophezeit worden, daß ein Schwert deine Seele durchdringen würde. Und doch hast du aus der Kraft deines Glaubens an der Botschaft des Höchsten festgehalten. Du hast Jesus, deinen Sohn, nicht in falsch verstandener Mutterliebe an dich gebunden. Du hast ihn freigegeben für seinen größeren Auftrag an den Menschen, auch wenn du wußtest, daß dies einen Weg zum Kreuz bedeuten würde. An allen wichtigen Stationen im Leben deines Sohnes warst du dabei. Freude hast du mit ihm und seinen Jüngern geteilt; ausgehalten hast du, als er das

Kreuz auf sich laden mußte. Die meisten seiner Jünger waren aus Furcht vor der Übermacht der Gegner davongelaufen. Du aber bliebst mit wenigen Getreuen unter dem Kreuz, beladen mit allem Mutterschmerz. Du warst dabei, als am Pfingsttag durch die Kraft des Heiligen Geistes die Sendung der Kirche in die Welt begann.

Heilige Maria, ich empfehle mich deinem Glauben an und erbitte deine Fürsprache bei Gott. Tritt du für mich vor deinem erhöhten Sohn ein, wenn ich schwach bin. Sei du bei mir, wenn mir ein Schwert durch die Seele dringt. Hilf mir, damit ich Mutlose und Trauernde trösten kann, so wie du Jesus mit deiner Mutterliebe auf seinem Kreuzweg aufgerichtet hast. Laß mich unter dem Kreuz meines Lebens aushalten in dem Vertrauen, daß nicht das Kreuz das letzte Wort ist, sondern das lebensschaffende Wort des dreieinigen Gottes. Hilf mir, mitzuwirken an der Sendung der Kirche für unsere Welt.

Heilige Maria, Mutter Gottes und Mutter der Kirche, du Mutter meines Glaubens, bitte für mich und alle Menschen bei dem, der dich aufgenommen hat in seine ewige Herrlichkeit.

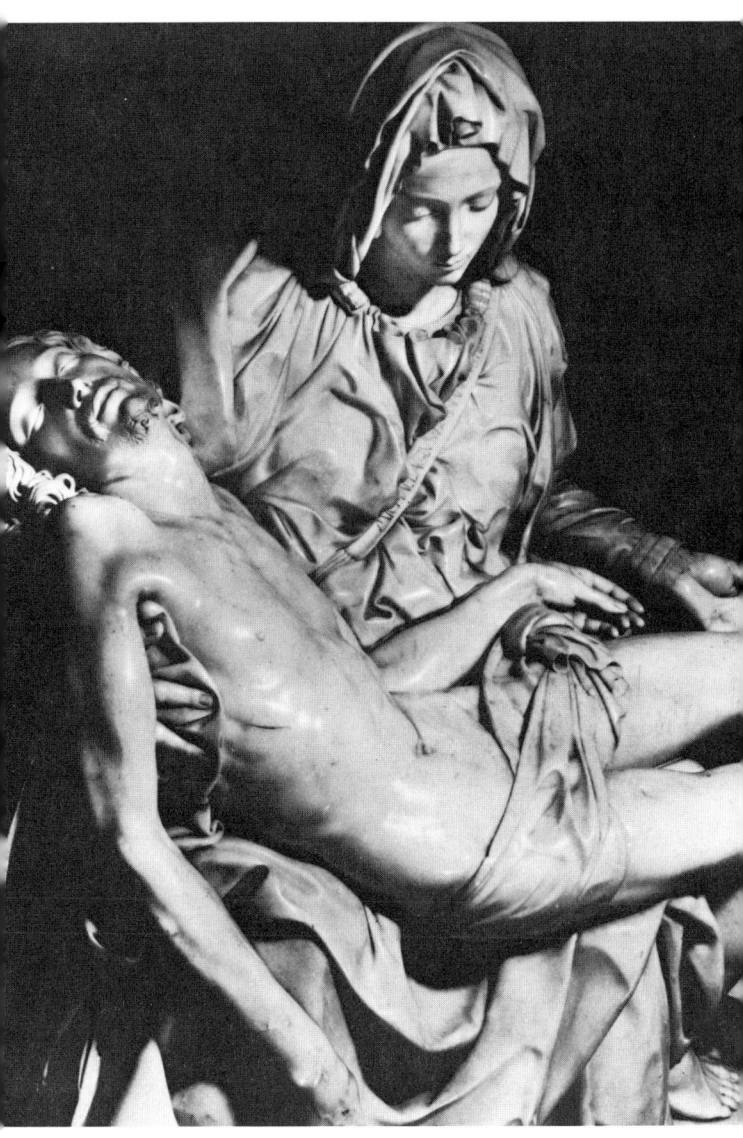

Was er euch sagt, das tut!
(Joh 2,5)

Heilige Maria, die Größe deines Glaubens besteht darin, daß du in Bescheidenheit und Demut Gottes Taten an dir geschehen ließest. Immer wußtest du, daß du seine Magd bist und daß sein Wille an dir geschehen soll.

Dein ganzes Leben hat auf Jesus, deinen Sohn, verwiesen. Das drückst du mit deinen eigenen Worten aus, als bei der Hochzeit in Kana die Freude des Feierns jäh zum Stillstand kommen sollte. Denen, die unschlüssig und ratlos waren, gabst du den Hinweis, worauf es im Leben aller Christen ankommt: „Was er euch sagt, das tut!"

Heilige Maria, ich weiß, daß du dieses Wort in jeder Phase deines Lebens verwirklicht hast. Mit diesem Hinweis und deinem ganzen heiligen Leben willst du nichts anderes erreichen, als seinen Willen zu erfüllen. So können wir im Blick auf dich unseren Weg gehen.

Was er uns sagt, ist keine komplizierte Lehre, kein Erfüllen von vielen Paragraphen, sondern das große Gebot der Christenheit: Du sollst den Herrn, deinen Gott, lieben mit ganzem Herzen und ganzer Seele, mit deiner Kraft und all deinen Gedanken, und deinen Nächsten sollst du lieben wie dich selbst.

Heilige Maria, du hast uns vorgelebt, was es heißt, Gott mit der Kraft des Herzens und der Seele zu

lieben. Mit deinem Denken und Tun gibst du ein Beispiel für uns. Sei du mir deshalb immer neue Richtschnur für mein Leben des Glaubens. Leite mich an, noch mehr auf Jesus zu schauen und mein Leben an ihm zu messen. Laß mich mehr das tun, was er uns sagt. Seine Worte sind Leben und Heil, Trost und Hilfe, Weg zum Leben in der Liebe Gottes.

Heilige Maria, danke für das Beispiel deines Glaubens. Danke für dein Leben und deine Hingabe. Danke für dein Wort, das unseren Blick auf Jesus lenkt: „Was er euch sagt, das tut!"

Der Geist weht, wo er will
(Joh 3,8)

Heiliger Geist, ich glaube an dich. Wie eine Leitung ohne elektrischen Strom tot ist, so wäre mein Leben tot ohne dein Wirken. Mit unseren Gedanken können wir dich nicht fassen, mit unseren Worten nicht beschreiben. Ob wir dich Hauch, Atem, Sturm oder Feuer nennen, immer bedeutet dies, daß du dich keiner menschlichen Planung unterwirfst. Du entziehst dich der willkürlichen Verfügung. Du wehst, wo du willst.

Heiliger Geist, mit deinem Wirken verbinden wir die Hoffnung auf eine neue Welt. Unser menschliches, eigenmächtiges Handeln ist niemals imstande, diese neue Schöpfung herbeizuführen. Sie ist dein Geschenk.

So bitten wir um deine Gaben:
Schenke uns den Geist der Weisheit, damit wir hinter allen Dingen unseren Schöpfer erkennen.
Gib uns den Geist der Einsicht, damit wir erfahren, worin das wirkliche Leben besteht.
Wir brauchen deinen Geist des Rates, damit wir deinen Eingebungen gegenüber wachsam und gelehrig sind.
Vermittle uns deinen Geist der Stärke, damit wir gegen unsere Schwächen ankämpfen und uns mehr von dir leiten lassen.
Entziehe uns nicht den Geist der Wissenschaft, damit wir in unserem Forschen und Denken nicht ohne dich zu handeln versuchen.

Bewahre in uns den Geist der Frömmigkeit, die Freude ausstrahlt und andere Menschen froh machen kann.
Laß uns feststehen im Geist der Gottesfurcht, die in uns das Bewußtsein vom unendlichen Abstand zwischen Schöpfer und Geschöpf wachhält.

Heiliger Geist, wenn du wirkst, dann verändert sich mein Leben, dann verändert sich die Welt. Mit dir laß mich wirken in dem Wissen, daß erst durch dich das Neue und Unerwartete kommt. Dein Geist weht, wo er will. Er erneuere das Angesicht der Erde und mache auch mich zu einem neuen Menschen.

Einer sät, ein anderer erntet
(Joh 4,37)

Herr und Gott, wenn ich mein Leben vor dir bedenke, wird mir manchmal angst und bange vor der Ernte. Du willst, daß unser Leben Frucht bringt und daß diese Frucht bleiben soll. Ich aber frage mich: Was ist die Frucht meines Lebens? Vieles an Mühen prägt mein Leben, viele Sorgen, besonders um Menschen, die du mir anvertraut hast. Habe ich alles richtig gemacht? Habe ich mich ihnen gegenüber so verhalten, daß sie dich leichter finden können? Vielleicht hätte ich mehr von dir sprechen, durch mein Leben mehr auf dich

hinweisen sollen. Vielleicht auch war ich zu streng und habe ihnen die Freude am Glauben nicht richtig zeigen können.

Die Frucht meines Lebens, worin besteht sie? Die Zeit meines Lebens scheint mir zwischen den Fingern zu zerrinnen.
Dann aber höre ich dein Wort, daß einer sät und ein anderer erntet. Herr, du hast viele gute Saat in mein Leben eingepflanzt. Ich danke für meine Möglichkeiten, Stärken und Begabungen. Vieles an Schönem und Gutem hast du mir geschenkt. Mein Leben muß das Erdreich sein, in dem deine Saat aufgehen kann. Zwischendurch glich mein Leben dem harten Boden oder dem steinigen Weg, auf dem sich nichts entfalten kann. Dann aber durfte ich doch Ergebnisse sehen, Früchte meiner Bemühungen mit deiner Hilfe ernten.

Herr, ich bitte dich um Gelassenheit für die Situationen meines Lebens, in denen ich versucht habe, Gutes zu säen, jedoch keine Früchte ernten konnte. Manchmal schließlich durfte ich ernten, wo ich nicht gesät hatte. So vertraue ich darauf, daß durch dich das Wachstum fortgesetzt wird, wo ich selber nicht weitergekommen bin. Ich vertraue darauf, daß kein einziges gutes menschliches Mühen vor dir vergebens ist. Und wenn ich nicht ernten kann, darf ich wissen, daß einem anderen der Ertrag zugute kommen wird.

Herr, dir vertraue ich mein Dasein an. Laß du die Ernte meines Lebens gelingen, daß ich Frucht bringe und daß diese Frucht bleibt.

Er ist wirklich der Retter der Welt
(Joh 4,42)

Herr und Gott, viele treten in unserer Welt auf und versprechen den Menschen die ersehnte Hilfe: in Gesundheitsfragen, durch Versicherungen, im Vergnügen, mittels Geldanlagen. So viele reden von Glück und verheißen eine Freude, die schließlich meist innerlich Schalheit und Leere zurückläßt.

Darum spüren so viele auch, daß es in unserem Leben andere Tiefen geben muß. Sie schwören dann auf Ideale, verzehren sich in ihren Aufgaben, opfern sich dem Gemeinwohl. Die letzte Erfüllung erfahren sie hier jedoch ebenso wenig. Erst im Blick auf Jesus Christus, deinen Sohn, ist uns Menschen Rettung zugesagt. Zwar deuten manche ihn in unserer Zeit lediglich als den guten Menschen, durch den wir selber besser werden können. Andere sehen ihn als den, der bestehende Verhältnisse ändern wollte, in seinem Gutsein aber daran gescheitert ist.

Ich aber halte mich an das Wort der Heiligen Schrift und die Lehre der Kirche: Jesus Christus ist Gott und Mensch zugleich, Rettung und Heil für die Welt. Nicht umsonst nennt ihn der Volksmund den Heiland, denjenigen, der das Wunde und Verletzte in uns ganz und heil werden lassen kann.

Jesus Christus als der Retter der Welt brachte uns die Kunde von dir, seinem und unserem Vater. Er stellt dich uns nicht als einen zürnenden Gott des Gerichts dar, sondern als den barmherzigen Vater, der uns alles verzeiht, wenn wir uns ihm zuwenden. Unser Heiland lehrt uns keine weltfremde Religion, sondern verbindet die Suche nach dir mit der Sorge für den Mitmenschen. Er zeigt uns, daß kein Opfer umsonst ist, mag es auch nach menschlichen Maßstäben vergeblich gewesen sein. Aus einer scheinbaren Niederlage läßt er einen Sieg werden; aus der Erniedrigung die Erhöhung; aus der Schmach die Verherrlichung; aus dem Tod das Leben.

Ich darf Anteil haben an seinen Verheißungen. So rettet er mein Leben und das Leben aller Welt. Ihm, meinem Retter und Heiland, kann ich nicht mehr als Dank sagen, heute und alle Tage, die er mir schenkt.

Wenn ihr nicht Zeichen und Wunder seht, glaubt ihr nicht
(Joh 4,48)

Herr und Gott, du hast die Welt mit allen Dingen, die Natur, die Tierwelt und uns Menschen geschaffen. Alles ist unter dein Gesetz gestellt. Dennoch stehst du über deiner Schöpfung und kannst deine eigenen Regeln aufheben. Die Bibel berichtet uns von Wundern, die sich an der Natur und im Leben von glaubenden Menschen ereigneten. Das Neue Testament schildert uns Wundertaten Jesu, wie er Aussätzige rein machte, Blinde zum Sehen brachte, Gelähmten ihre Bewegungsfreiheit zurückgab, Stummen das Wort schenkte und Tote ins Leben zurückrief.

Du großer Gott, mit diesen Wundern willst du uns zeigen, daß du mächtiger bist, als die Naturgesetze es sind. Mehr noch aber weist du uns darauf hin, was einem Menschen durch den Glauben möglich wird: „Dein Glaube hat dich gesund gemacht", sagt Jesus immer wieder denen, die von ihm geheilt wurden.

Manchmal bete ich um ein Wunder: dann, wenn ein Mensch besonders krank ist; wenn er ein Leiden nicht mehr zu ertragen scheint; wenn kein Ausweg mehr sichtbar ist. Doch höre ich auch die Mahnung Jesu: „Wenn ihr nicht Zeichen und Wunder seht, glaubt ihr nicht." Stets neu erwarte ich mir die Erfüllung meiner Wünsche und Anliegen und vergegenwärtige mir zu wenig, daß Glauben hoffen auf das heißt, was noch aussteht.

Wenn ich im Glauben feststehe, dann erfahre ich viele Wunder in meinem Leben: das Wunder, daß ich Kraft erhalte, in schwerer Zeit nicht aufzugeben; das Wunder eines neuen Anfangs nach einer unheilvollen Entwicklung; das Wunder neuer Liebe nach einer Zeit des Hasses; das Wunder von Glauben in einer Welt voller Zweifel; das Wunder der Nächstenliebe nach einer Haltung der Selbstsucht; das Wunder der Natur in deiner Schöpfung.

Wenn ich meine Augen öffne, erkenne ich, daß mein Leben angefüllt von Wundern deiner Liebe ist. Ich möchte zu denen gehören, Herr, die nicht deswegen glauben, weil sie äußere Wunder erwarten. Wer im Glauben an dich feststeht, erlebt jeden Tag aufs neue das größere Wunder deiner Fürsorge und Liebe. Möge darum Jesus Christus immer wieder zu mir sprechen können : „Steh auf und geh, dein Glaube hat dir geholfen."

Herr, ich habe keinen Menschen
(Joh 5,7)

Viele Menschen sind um mich: solche, die kommen und gehen, Bekannte, Kollegen, Familienangehörige, auch Freunde sind dabei. Manchmal sehne ich mich nach menschlicher Nähe. Manchmal bin ich lieber allein. Nicht alle in meiner Umgebung bedeuten mir gleich viel. Nur manchen stehe ich nahe. Das ist wohl natürlich so. Dennoch sehne ich mich nach mehr Angenommensein, Verständnis, Geborgenheit, Wärme.

Es gibt Zeiten, in denen ich einsam bin, auch wenn andere sich bei mir aufhalten. Ich spüre, im Grunde meines Herzens brennt eine Sehnsucht, die Menschen nicht stillen können. Mein Verlangen geht weiter. Ich fühle, nur du, Herr, kannst diese Leere füllen.

Herr, laß mich das Alleinsein aushalten. Zeige mir, daß es mich gerade in deine Nähe verweist. Laß mich daran glauben, daß solche Stunden und Tage notwendig sind, damit ich dich nicht aus den Augen verliere. Denn jede Suche nach Erfüllung und Geborgenheit ist im letzten eine Suche nach dir.

Gib mir aber auch, Herr, die Offenheit, Menschen in mein Leben hineinzulassen. Allein vermag ich nichts. Schenke mir stets neu die Erfahrung, daß jede gute menschliche Begegnung auch ein Zusammensein mit dir bedeutet. Laß mich nicht abweisend werden, nicht eigenbrötlerisch, nicht selbstherrlich. Hilf mir, die Fehler der anderen zu ertragen, so wie auch sie mich mit meinen Schwächen annehmen müssen.

Wenn ich dich suche, dann bin ich nicht allein. Wenn ich mich dem Mitmenschen öffne, werde ich wohl selten abgewiesen. Wenn ich mutig bin und auf den anderen zugehe, wird auch er mir entgegenkommen. Wenn ich dich suche, darf ich dich finden und zugleich den Menschen, der mich aus meiner Abgeschlossenheit herausführt.

... und doch lehnt ihr mich ab
(Joh 5,43)

Jesus Christus, mein Bruder und Gottes Sohn, dein Leben in unserer Welt war voll durchdrungen von Liebe und Güte. Nichts anderes wolltest du, als den Menschen die Nähe des Reiches Gottes und Rettung für alle, die guten Willens sind, zu verkünden. „Und doch lehnt ihr mich ab", mußtest du damals zu einigen sprechen, denen du begegnet bist. Sicher gilt dein Wort auch mir heute in dieser Weise.

Damals hieltest du ihnen vor, daß sie zwar die Schriften nach dir durchforschen würden und dich dennoch nicht fänden. Sie suchten Leben und sahen trotzdem dein Zeugnis nicht. Sie hatten keine Liebe zu Gott und wollten deswegen nicht zu dir kommen.

Herr Jesus, auch in meinem Leben gibt es Entscheidungen und Ereignisse, bei denen ich dich abgelehnt habe. Von Kindesbeinen an durfte ich spüren, daß du eine lebendige Wirklichkeit bist – und dennoch muß ich über versäumte Gelegenheiten zum Guten klagen. Wenn ich auf mein Leben zurückblicke, wird mir deutlich, wie sehr deine führende Hand mich durch alle schwierigen Entscheidungen geleitet hat. Trotzdem fühle ich mich manchmal von dir allein gelassen. Auf Schicksalsschläge, die mir zeit meines Lebens zu schaffen machten, halfst du mir eine Antwort finden. Und doch hadere ich gelegentlich mit meinem Dasein. So vielen Menschen, angefangen von meinen Eltern und der weiteren Familie, über Lehrer, Kollegen bis hin zu meinen Freunden, verdanke ich vieles. Trotzdem beklage ich mich über eine Welt, die immer weniger menschlich handelt. Mein Glaube ist nicht mein Verdienst, sondern dein Geschenk an mich. Dennoch erwarte ich von dir noch größere Taten und Zeichen.

Jesus Christus, ich will nicht zu denen gehören, die dich ablehnen. Ich bitte darum, daß die ganze Menschheit mit jedem einzelnen deiner Geschöpfe dich in ihr Leben als Anfang und Ende hineinnimmt. Ich bitte für meinen Weg, daß es ein Weg in die Gemeinschaft mit dem Vater sei. Ich bitte für alle, die dich ablehnen, bewußt oder weil sie dich nie erkannt haben, daß sie dich finden können und daß sie deine Liebe erfahren.

Fürchtet euch nicht!
(Joh 6,20)

Viele Ängste, Herr, belasten mein Leben. Da ist die Angst, ob ich mein Leben richtig vor dir geführt habe; was du am Tage der Rechenschaft über die vielen versäumten Gelegenheiten zum Guten sagen wirst; wie du das Mangelhafte und Böse aus meinem Erdenleben wägst.

Da sind Ängste, die meine irdische Zukunft betreffen. Wie wird es weitergehen, wo so vieles ungesichert ist? Wie wird mein Lebensabend aussehen? Wie wird es um meine Gesundheit stehen? Werde ich Alter und Beschwerden, Schmerzen und vielleicht das Gefühl, nicht mehr gebraucht zu werden, verkraften können?

Ängste betreffen natürlich auch die Menschen um mich. Habe ich mich ihnen gegenüber wirklich richtig verhalten? Durften die Meinen, die du mir anvertraut hast, durch mein Leben deine Nähe erfahren und so sicheren Halt finden? Viele bereiten mir Sorgen über die Weise, wie sie ihr Leben führen und deuten. Entfernen sie sich von dir, Herr? Zählen für sie andere Werte mehr als das Vertrauen auf dich? Legen sie nicht auf Vergängliches mehr Wert als auf dich?

Auch die Zukunft unserer Welt bereitet mir Sorge. Werden Menschen es lernen, in Frieden zusammenzuleben und Ungerechtigkeiten abzubauen? Wird unsere Erde immer mehr Menschen ernäh-

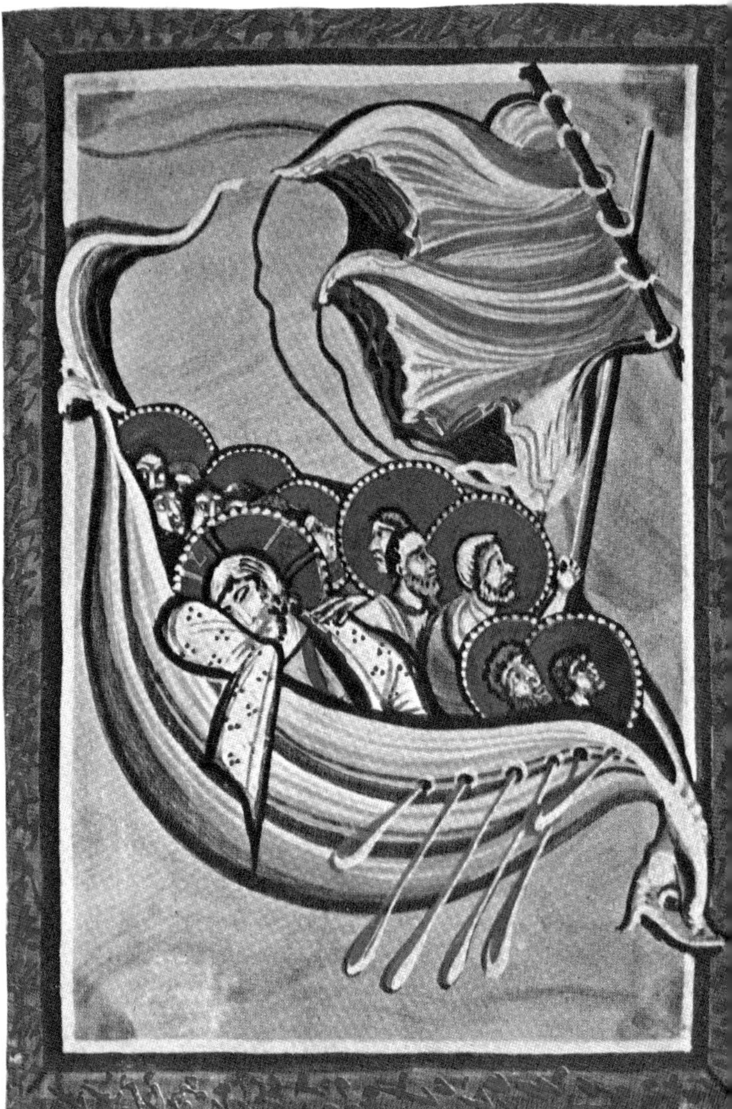

ren können? Finden alle Arbeit, Brot und Menschenwürde? Werden wir in der Lage sein, unseren Lebensraum zu erhalten, oder programmieren wir eine frühere oder spätere Selbstzerstörung vor?

Du, Herr, kennst meine Ängste. Auch die Jünger im Boot meinten, du würdest sie untergehen lassen. Deine Nähe aber schenkte ihnen Sicherheit und Rettung. Jesus Christus, auch mir rufst du zu, daß ich alle meine Sorgen auf dich werfen soll. Mit dir brauche ich mich nicht zu fürchten. Du wirst mich und alle deine Geschöpfe retten. Du bist mit mir. Wer könnte dann gegen mich sein?

Danke, Herr.

Ich bin das Brot des Lebens
(Joh 6,35)

Jesus, mein Freund und Bruder, ich danke dir, daß du zu mir nicht in komplizierten Zusammenhängen sprichst, sondern in Bildern, die ich verstehen kann. Deine Beispiele kommen aus dem Alltag von uns Menschen. Du bezeichnest dich selbst als das Brot des Lebens. Brot brauchen wir jeden Tag; es ist unser Grundnahrungsmittel. Wir nehmen es ganz selbstverständlich hin, daß wir immer ausreichend, ja in Überfülle, dieses Brot zu uns neh-

40

men können. Erst wenn wir nachdenken, wird uns bewußt, daß der Großteil der Menschen unserer Erde sich sehr um sein Überleben mühen und plagen muß und daß es ihm dabei nicht einmal sicher ist, ob er genügend Brot für das tägliche Leben finden wird.

Wenn du von dir als dem Brot des Lebens sprichst, willst du uns darauf hinweisen, daß wir mit dir jeden Tag rechnen sollen, so wie wir mit dem täglichen Brot rechnen. Nicht zu besonders festlichen Zeiten unseres Lebens nur willst du uns begegnen, sondern jeden Tag aufs neue, wie wir jeden Tag zum Brot greifen. Nicht für wenige Auserwählte ist deine Botschaft bestimmt, sondern für alle Menschen mit ihren Grundbedürfnissen.

In der Wirklichkeit deiner Gegenwart, im Nachvollzug deines Todes und deiner Auferstehung, dürfen wir dich in unseren Gottesdiensten in der Gestalt des Brotes empfangen. Dieses Brot bildet eine Gemeinschaft untereinander und mit dir. Dieses Opfer vergegenwärtigt dein Tun vom letzten Abendmahl bis hin zum Ostermorgen.

Immer aber ist das Brot das Zeichen deiner Gegenwart. Herr, ich danke dir für das tägliche Brot, das ich ohne große Mühe empfange. Ich danke für dein Wort, daß der nie mehr hungern wird, der zu dir kommt. Ich danke für deine eucharistische Gabe und deine Anwesenheit unter uns Menschen.
Ich bitte um Brot für alle Welt. Ich bitte, daß alle erkennen: Du bist das lebendige Brot. Wer von diesem Brot ißt, wird in Ewigkeit leben.

Herr, zu wem sollen wir gehen?
(Joh 6,68)

Herr und Gott, bereits auf seinem Erdenweg ist dein Sohn auf Widerspruch gestoßen. Bereits bei seiner Darstellung im Tempel weissagte der greise Simeon: „Dieser ist dazu bestimmt, daß in Israel viele durch ihn zu Fall kommen und viele aufgerichtet werden, und er wird ein Zeichen sein, dem widersprochen wird." Bei seiner Botschaft vom Anbrechen des Reiches Gottes, von seiner Sohnschaft, von seiner Nähe zu dir, wandten sich viele von ihm ab. Darum sprach Jesus zu den Menschen von damals, und es gilt auch heute für uns: „Es gibt unter euch einige, die nicht glauben."

Jünger aus dem Kreise derer, die ihm nachgefolgt waren, zogen sich von ihm zurück. „Wollt auch ihr weggehen?", lautet die Frage, die Jesus uns heute stellt. Doch mit Petrus und den anderen Aposteln müssen wir antworten: „Herr, zu wem sollen wir gehen? Du hast Worte des ewigen Lebens. Wir sind zum Glauben gekommen und haben erkannt: Du bist der Heilige Gottes."

Viele Menschen, Herr, suchen sich von dir zu entfernen. Sie suchen den Sinn ihres Lebens in vorläufigen Erfüllungen: in menschlichem Glück, in ihrer Arbeit, in beschäftigter Hektik, in Lusterfüllung, in Betäubung. So aber schaffen sie sich nicht Glück und Geborgenheit, sondern Unglück und Zerrissenheit.

Herr, zu wem sollten wir gehen, wenn nicht zu dir? Die Antwort auf eine echte Sinnerfüllung unseres Lebens kommt nur von dir. Wahres Glück empfangen wir nicht, wenn wir nur uns selber sehen, sondern wenn wir den Menschen in deinem Namen annehmen und ihm zur Seite sind. Letzten Halt bekommen wir nicht durch Absicherungsversuche im Hier und Heute, sondern nur aus dem Leben mit dir. Bleibende Freude können wir uns nicht kaufen. Vielmehr erhalten wir sie, wenn wir unsere Augen für deine Schöpfung offen halten und selber Freude bringen. Trost gibt es nicht durch vordergründige Beschwichtigungen, sondern allein im Wissen, daß du hinter allen Dingen stehst. Zufriedenheit wird uns nicht geschenkt, wenn wir andere für unsere Zwecke gebrauchen. Sie entsteht allein aus unserem eigenen Einsatz in der Verbundenheit mit dir. Leben können wir uns nicht selber geben. Wir erfahren nur seine Vergänglichkeit. Bleibendes erhalten wir nicht dann, wenn wir uns um die Speise mühen, die verdirbt, sondern wenn wir die Speise annehmen, die uns der Menschensohn gibt. Herr, ich will nicht weiter fragen: Zu wem sollen wir gehen? Vielmehr verspreche ich dir: Ich will meinen Weg mit dir gehen und halte daran fest, daß es ein Weg zum Leben ist.

Wer von euch ohne Sünde ist, werfe als erster einen Stein!
(Joh 8,7)

Herr Jesus, unser menschliches Zusammenleben ist so oft belastet, weil wir hart und unbarmherzig miteinander umgehen. In jeder Begegnung mit Menschen können wir von dir lernen, wie wir uns verhalten sollen. Als sie die öffentliche Sünderin vor dich hinschleppen, nicht um Gerechtigkeit walten zu lassen, sondern um dich auf die Probe zu stellen, gibst du uns einen Hinweis, der für jeden Tag unseres Lebens wichtig ist: „Wer von euch ohne Sünde ist, werfe als erster einen Stein!"

Ich weiß, Herr, daß mein Leben nicht frei von Sünde ist, daß ich sehr anfällig für das Böse und seine Versuchung bin. Du hast nicht die Sünderin aus ihrer Schuld herausgelobt. Vielmehr gibst du ihr die Weisung mit auf den Weg: „Geh und sündige von jetzt an nicht mehr!" Mit deinem Verhalten den Schriftgelehrten und Pharisäern gegenüber willst du mir sagen, daß es mir nicht zukommt, über andere zu richten. In dem Maße, in dem wir richten, werden wir selber gerichtet werden, lautete deine Aussage.

Jesus Christus, du wendest dich hier gegen eine der menschlichen Hauptsünden, gegen unsere Selbstgerechtigkeit. Von anderen erwarten wir fehlerfreies Verhalten. Sie müssen uns gegenüber vollkommen sein. Bei anderen legen wir strenge Maßstäbe an. Nur bei uns selber sind wir großzügig. Laß mich gegen jede Selbstgerechtigkeit in meinem Leben ankämpfen. Laß mich nicht den Splitter im Auge meines Nächsten sehen, sondern den Balken in meinem eigenen Auge. Jeden Tag neu laß mich das Wissen in die Tat umsetzen, daß ich von dir viel Vergebung erfahre und deshalb selber auch vergeben muß. Sonst bin ich wie der Schalksknecht in deinem Gleichnis, der eine riesige Schuld erlassen bekommt, sich im gleichen Augenblick jedoch einen kleinen Schuldner unnachsichtig vorknöpft.

Hilf mir, Herr, gegen meine Selbstgerechtigkeit anzugehen. Weil ich deine Vergebung brauche, will ich meinen Mitmenschen gegenüber Nachsicht üben. Ich will nicht Steine auf andere werfen, sondern mehr deiner Weisung folgen: „Geh und sündige von jetzt an nicht mehr!"

Ich bin das Licht der Welt
(Joh 8,12)

Jesus Christus, du trittst mit großer Vollmacht auf. Den Anspruch, Gottes Sohn zu sein, bekräftigst du mit Aussagen, die von deinem Sendungsbewußtsein künden. Johannes mußte von sich sagen: Nach mir kommt einer, der größer ist als ich. Die Erfüllung dieser Verheißung finden wir in dir.

„Ich bin das Licht der Welt", rufst du auch mir zu: „Wer mir nachfolgt, wird nicht in der Finsternis umhergehen, sondern wird das Licht des Lebens haben." Herr Jesus, ich suche dieses Licht meines Lebens. Ich glaube daran, daß ich es finden kann.

Doch oft genug bewege ich mich im Dunkeln. Oft schaffe ich selbst das Dunkel in meinem Leben. Wenn ich daran denke, wie groß deine Vorleistungen mir gegenüber sind und wie schwach und hilflos meine Antworten, dann möchte ich verzagen. Wenn ich sehe, daß die Sünde immer noch Raum in meinem Dasein hat, daß sie somit meine Tage und die der Mitmenschen verdunkelt, dann könnte ich mutlos werden. Angesichts einer Welt, die so vieles Falsche in hellem Licht aufleuchten läßt und das Licht des Glaubens unterdrückt, bin ich traurig. Ich sehe viele Menschen, auch solche an meiner Seite, die in ihrem eigenen Dunkel bleiben. So frage ich immer wieder ungeduldig: Wo bleibt dein Licht? Untaten, Grausamkeiten, Mißachtung von Würde, Eigentum und menschlichem Leben schaffen stets neue Finsternis in deiner so gut vorhergedachten Schöpfung.

Du, Licht der Welt, zeige mir den Ausweg aus meiner eigenen Finsternis. Hilf allen auf der Suche ihres Lebens, daß sie dich als das Helle und Frohe ihres Daseins finden können.
Führe alle, die in selbstgemachter Finsternis gefangen sind, heraus zur Helligkeit und Freude bei dir.
Zeige solchen, die durch ihre bösen Taten das Licht deiner Schöpfung verdunkeln, die Schwere

ihres Tuns, und befreie sie, damit auch sie Kinder des Lichtes sein können.

Licht der Welt, Jesus Christus, laß nicht zu, daß ich das Licht meines Glaubens unter den Scheffel stelle. Dein Licht soll leuchten, damit alle dich erkennen und und den, der dich gesandt hat.

Ich bin der gute Hirt
(Joh 10,11)

Jesus Christus, unser Herr, bei dir wissen wir uns gut aufgehoben. Du selber bezeichnest dich als den guten Hirten, der sein Leben hingibt für die Seinen. Durch das Opfer deines Lebens hast du dies uns allen vor Augen geführt. Durch das Tragen des Kreuzes und den Weg hinein in den Tod erfüllst du diese Worte mit Leben.

Du als der gute Hirte willst das Beste für einen jeden in deiner Herde. Niemals aber würdest du nur einen einzigen aufgeben. Wer wirklich eigene Wege gegangen ist, den läßt du nicht in seiner Verlorenheit. Du gehst ihm nach, bis du ihn gefunden hast, um ihn in Sicherheit zu bringen.

Du als der gute Hirte möchtest, daß wir zusammenhalten und zusammenstehen als eine Herde um einen Hirten. Darum danke ich dir, daß du uns in die Gemeinschaft deiner Kirche berufen hast. Wir sind dein Volk, das unterwegs ist durch die Zeiten. Aber du führst und leitest uns. Du gehst uns voran wie die Feuersäule beim Weg der Israeliten hin zum Gelobten Land. Durch alle Zeiten sagst du deiner Kirche deinen Beistand zu: Die Mächte der Unterwelt werden sie nicht überwältigen.

Du als der gute Hirte gibst deiner Kirche auch menschliche Hirten. Ich bitte dich für unseren Papst, für unsere Bischöfe, für alle Priester,

Ordensleute und alle, die Verantwortung in deiner Kirche tragen. Gib, daß sie sich immer ihrer Aufgabe bewußt seien, deine Herde in deinem Namen zu leiten. Schenke ihnen deinen Heiligen Geist, damit sie erkennen, was die Stunde von ihnen verlangt. Stärke alle, die selber schwach geworden sind. Lehre allen das wahre Dienen nach deinem Wort und Beispiel. Gib ihnen die Gabe der Unterscheidung der Geister, damit sie bei den schwierigen Entscheidungen in einer komplex gewordenen Welt deinen Willen ergründen. Laß sie frohe Menschen sein, die aus der Zuversicht des Glaubens leben. Sie mögen Menschen voll des Heiligen Geistes sein, damit sie uns alle lehren in der Erkenntnis des wahren Gottes. Sie mögen hörende Menschen sein, offen für die Fragen der ihnen anvertrauten Herde und offen für deine Weisung. Sie mögen demütige Hirten sein in dem Wissen, daß sie nur durch deinen Auftrag Leitungsgewalt erhalten haben. Sie mögen mutige Menschen sein, die wissen, daß sie verbunden mit dir nichts zu fürchten brauchen.

Dank dir, Herr, daß du unser guter Hirt bist. Danke, daß du mich in die Gemeinschaft deiner Kirche berufen hast. In ihr vertraue ich darauf, den Weg zu dir zu finden. Wenn wir alle auf deine Stimme hören, dann wird es nur eine Herde geben und einen Hirten.

Herr, dein Freund ist krank
(Joh 11,3)

Herr Jesus, immer wieder hast du menschliche Nähe gesucht. Gerne bist du bei deinen Freunden in Betanien zu Gast gewesen, bei Lazarus und seinen Schwestern Maria und Marta. Ins Innerste hinein hat es dich getroffen, als du von der Krankheit deines Freundes hörtest.

Herr, die Krankheit ist die große Belastung meines Lebens. Die vielen Schmerzen, die Ungewißheit, das Alleinsein, manchmal ist es zu schwer, um es zu ertragen. Ich weiß, daß viele Menschen leiden, auch daß es Ungezählte gibt, die es schwerer haben als ich. Und doch bleibt das Kranksein mein Kranksein und bleiben die Schmerzen meine Schmerzen.

Herr und Gott, ich glaube daran, daß du das Leid in der Welt nicht erschaffen hast. Deine Schöpfung war gut. Erst als die Menschen sich von dir entfernt hatten, zogen Leiden und Tod in die Welt ein. Schmerzen, Krankheit, Schicksalsschläge, das Sterben lassen viele Menschen an deiner Vaterliebe zweifeln und manche verzweifeln.

Dennoch stehst du unserem Schicksal nicht blind gegenüber. Alle diese Fragen, auf die wir keine Antwort finden, hast du beantwortet, als du uns Jesus geschenkt hast. Er ging nicht am Leiden der Menschen vorüber. Er selber hat Schmerzen und Tod auf sich genommen, um uns die Richtung zu weisen, die Richtung, die auch für mich lautet: Nur durch Kreuz kommt Heil.

Herr und Gott, laß mich meine Krankheit annehmen. Laß sie mich ertragen in der Verbundenheit mit den vielen, die leiden wie ich. Schenke mir in aller Not und allem Dunkel aber auch die Erfahrung, daß mein Leiden nicht vergebens ist. Du führst nicht am Leid vorbei, wohl aber führst du durch das Leid hindurch. Nach Krankheit, nach Leiden und Sterben schenkst du neues Leben ohne Schmerzen und Plage.

Darum läßt du Jesus im Angesicht der Krankheit seines Freundes Lazarus sprechen: „Diese Krankheit wird nicht zum Tode führen, sondern dient der Verherrlichung Gottes." Daran möchte ich festhalten und so meiner Krankheit den Sinn geben, der allein von dir kommt.

Wer an seinem Leben hängt, verliert es
(Joh 12,25)

Herr und Gott, du weißt, wie sehr ich an meinem Leben hänge. Durch allerlei Vorsorgemaßnahmen versuche ich, eine größtmögliche Sicherheit zu erhalten. Mit Versicherungen verschiedenster Natur möchte ich allen Eventualitäten vorbeugen. Von der ärztlichen Kunst erwarte ich viel. Für die Gesundheit meines Körpers unternehme ich alles mögliche. Meine Häuslichkeit und mein Auskommen sind mir wichtig. Für meine Seele habe ich, wenn ich es recht bedenke, nicht so viel übrig. Dabei weist du mich immer wieder darauf hin, daß es mir nichts nützt, wenn ich die ganze Welt gewönne, aber an meiner Seele Schaden erlitte.

Auch vom Lauf der Natur weiß ich, daß eines vergehen muß, bevor das andere geboren werden

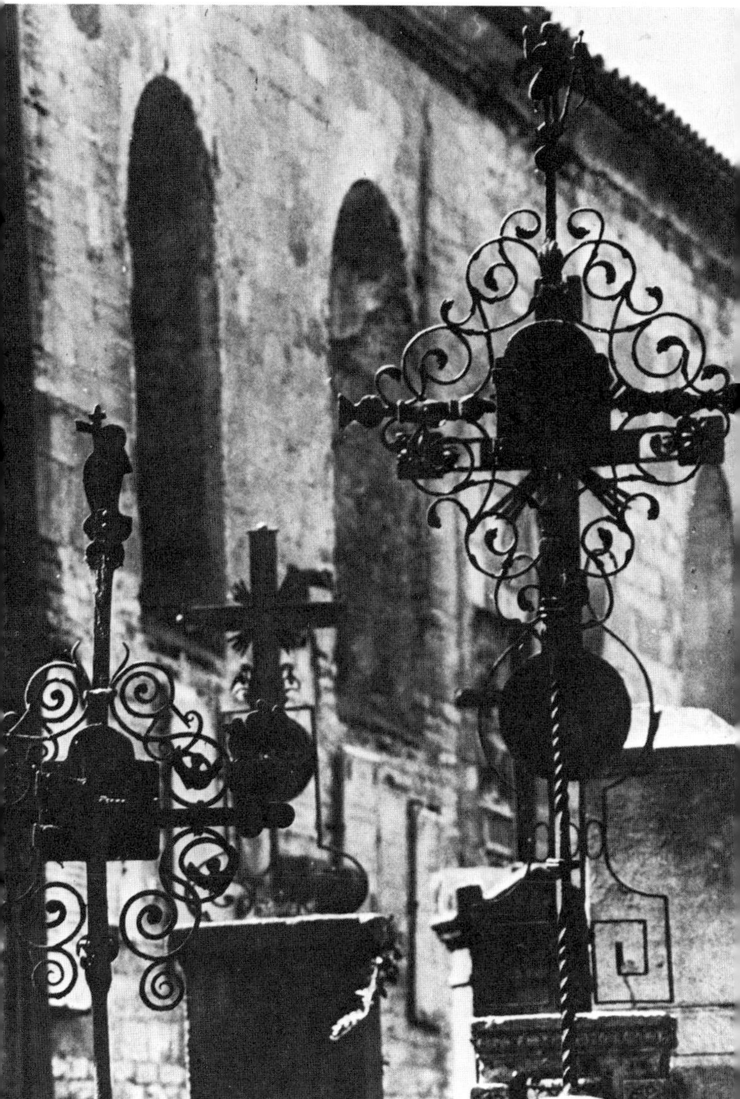

kann. „Wenn das Weizenkorn nicht in die Erde fällt und stirbt, bleibt es allein. Wenn es aber stirbt, bringt es reiche Frucht."

Hilf mir, du Gott meiner Tage, den Stellenwert meines irdischen Lebens richtig einzuordnen. Gewiß, ich muß meinen Körper und die Gesundheit meines Leibes ernst nehmen. Auch die Menschen um mich und die Ereignisse meines Lebens haben ihre Bedeutung vor dir. Doch mehr als dieses vorläufige und vergängliche Leben zählt das Sein bei dir. Diese Erdenzeit ist meine Vorbereitungszeit für das Leben ohne Ende. Darum darf ich mich an das Vergängliche nicht mehr klammern als an das Unvergängliche. Darum darf ich Mitmenschen, meine Gesundheit, meinen Besitz, meine Lebensumstände nicht absolut setzen. Dies alles ist relativ und hat einen Bezug zu dir.

„Wer an seinem Leben hängt, verliert es; wer aber sein Leben in dieser Welt gering achtet, wird es bewahren bis ins ewige Leben." Wenn ich mich an etwas halte, dann sollst du es sein. Wenn ich etwas aufgebe, dann mögen es die Gegebenheiten dieser Welt sein, nicht aber mein Bezug zu dir und das Heil meiner Seele. Von Jesus Christus weiß ich, daß derjenige alles aufgeben muß, der ihm nachfolgen will. Nimm mein Leben an, Herr und Gott; mein Leben mit meinem Glauben, mit den guten Taten, zu denen ich fähig war, mein Leben mit allen Sorgen und Nöten. Nimm aber auch mein Leben mit allen versäumten Gelegenheiten zum Guten und allem ausgeübten Bösen an. Ich will mich an nichts halten, außer an dich. Ich will nicht mein vergängliches Leben festhalten, sondern nur in deinem Erbarmen bleiben. Ich will mich nicht an Menschen klammern, sondern an deinen Sohn Jesus Christus, der mir und allen anderen sagt: „Wenn einer mir dienen will, folge er mir nach; und wo ich bin, dort wird auch mein Diener sein. Wenn einer mir dient, wird der Vater ihn ehren."

Liebt einander!
(Joh 13,34)

Herr und Gott, alle Menschen suchen Liebe, auch ich. An vielen Stationen meines Lebens durfte ich erfahren, was Liebe bedeutet. Dafür bin ich dankbar. Ich habe aber auch Enttäuschungen hinnehmen müssen, bin abgewiesen worden, habe Undank erlebt.

Alle suchen Liebe, aber auf ganz unterschiedlichen Wegen. Viele verstehen Liebe nur als einen Wert, den sie für sich selbst erwarten, anstatt ihn selber zu geben. Der Begriff Liebe wird oft in den Schmutz gezogen durch ichsüchtige Weisen des Fehlverhaltens.

Jesus Christus gibt uns das neue Gebot: „Liebt einander! Wie ich euch geliebt habe, so sollt auch ihr einander lieben."

Herr und Gott, die Liebe Jesu zu den Menschen ist Ausfluß deiner übergroßen Vaterliebe. Die absolute Liebe bist du selber. Alles menschliche Lieben bleibt hinter dem Anspruch Jesu zurück. In deinem ganzen Wesen selber bist du die Liebe.

Das Gebot Jesu zur Nächsten-, ja zur Feindesliebe ist schwer zu befolgen, besonders deshalb, weil dein Sohn auch sagt: „Wenn ihr nur die liebt, die euch lieben, was tut ihr dann Besonderes? Das tun auch die Heiden." Natürlich fällt es mir leicht, gut zu Menschen zu sein, die gut zu mir sind; die anzunehmen, die mich annehmen. Die Liebe, die du von uns erwartest, muß aber weitergehen und dort einmünden, daß wir versuchen, wie Jesus zu lieben. Diese Liebe ging hin bis zum Tod.

Herr und Gott, ich möchte gerne mehr von der Liebe Jesu lernen. Laß mich deswegen den ersten Schritt auf Menschen zutun, auch wenn sie mir wenig sympathisch sind. Schenke mir Kraft bei denen, die meine Nerven strapazieren. Gib mir Geduld bei den Umständlichen und Betulichen, Festigkeit bei den Haltlosen und Zuversicht bei den Mutlosen.
Ich möchte ein Zeichen sein für die Liebe Jesu unserer Welt gegenüber nach seinem Wort: „Daran werden alle erkennen, daß ihr meine Jünger seid: wenn ihr einander liebt."

Euer Herz lasse sich nicht verwirren!
(Joh 14,1)

Wo bist du, Gott? Oft frage ich so in einer Welt, die sich immer mehr von dir entfernt.
Wo bist du, Gott, wenn ein Drittel der Menschheit in Überfluß lebt und Lebensmittel vernichtet, während zwei Drittel der Erdbevölkerung nicht das Notwendige für ihre Ernährung finden?

Wo bist du, Gott, wenn alle vom Frieden reden, die Konflikte zwischen den Rassen aber größer werden, die Ungerechtigkeiten zum Himmel schreien, die Würde der Menschen mit Füßen getreten wird, Unfriede weit mächtiger ist als Verständigung, wenn Menschen stets neu in Kriege gehetzt werden?

Wo bist du, Gott, wenn das menschliche Leben so wenig zählt, daß ungeborenes Leben massenweise getötet wird, daß das Leben eines einzelnen nichts mehr gilt, wenn für einen geringen Profit Menschen über den Haufen geschossen werden?

Wo bist du, Gott, wenn wir auf dem besten Wege sind, deine Schöpfung zu zerstören und unbewohnbar zu machen, wenn unsere Waffenarsenale so groß sind, daß sie in vielfacher Weise unsere Erde mit allem Sein auslöschen können?

Wo bist du, Gott, wenn immer mehr Menschen nach dem Sinn ihres Daseins fragen, weil sie keine Arbeit und kein Brot finden, weil sie nicht wissen, wozu sie da sind, weil sie von niemandem angenommen werden, weil sie Schmerzen leiden und Ungerechtigkeiten aushalten müssen?

Wo bist du, Gott – so könnte ich die Fragen unserer Zeit weiterführen ohne Ende. Im Glauben an dich fest zu bleiben fällt angesichts dieser leidvollen Gegebenheiten schwer. Doch ich suche eine Antwort, und ich bin bereit zu hören. Wenn ich still werde und nicht in meiner eigenen Empörung bleibe, höre ich das Wort Jesu: „Euer Herz lasse sich nicht verwirren. Glaubt an Gott und glaubt an mich."

Herr und Gott, ich will daran festhalten, daß du da bist und auch in unserer Zeit wirkst. Du hast mich in diese Zeit gestellt und mir damit einen besonderen Auftrag für mein Leben anvertraut. Aus dieser Zeit der Verwicklungen heraus soll ich dich finden, hinter allem Unrecht deine Gerechtigkeit, nach allem Leid die Freude bei dir, nach den ungelösten Fragen die Antworten von dir, nach der Niederlage den Sieg, hinter dem Sterben das Leben.

Ich bin der Weg und die Wahrheit und das Leben
(Joh 14,6)

Mein Gott und Vater, viele Wege führen durch mein Leben. Da sind Strecken, die schön für mich waren, einfach und gut zurückzulegen. Du hast mir Gefährten mitgegeben, Menschen, die mich begleitet haben und denen ich Weggeleit sein durfte. Es waren auch mühsame Etappen, schmale und steile Pfade im Laufe meines Lebens. Manchmal stand ich vor Weggabelungen und wußte nicht, wie ich mich zu entscheiden hatte. Dann habe ich Wege eingeschlagen, von denen ich am Anfang oder zumindest später wußte, daß es Irrwege waren. Gelegentlich aber war ich einfach zu müde oder träge, um überhaupt weitergehen zu wollen.

Von den vielen Wegen ist mir bekannt, daß nur einer zu dir führt. Die breite, bequeme Straße führt ins Verderben, der schmale, steile Pfad geht hin zu dir, sagt mir Jesus Christus. Er zeigt mir nicht nur den Weg. Er ist mir nicht nur voran gegangen. Er selber ist der Weg, den ich beschreiten soll, damit ich am Ziel nicht vor verschlossenen Türen stehe.

Mit Hilfe deiner Wahrheit kann ich deine Wege zum Leben gehen. Doch mit Pontius Pilatus und vielen Suchenden aller Jahrhunderte frage ich: Was ist Wahrheit? Die Wahrheit besitzt viele Gesichter. Menschen verdrehen gerne die Wahrheit oder begnügen sich mit Halbwahrheiten. Unwahrheiten und Lügen zählen zu den traurigen Erscheinungen menschlichen Lebens. Es kommt vor, daß ich selber die Augen vor der Wahrheit über mich selber verschließe. Die Wahrheit aber wird mich frei machen. Jesus Christus ist die Wahrheit und Wirklichkeit meines Lebens. Wer sich ihm anvertraut, wird nicht im Dunkel der Lüge und des Trugs leben, sondern frei werden können.

Herr und Gott, laß mich dir danken für den, der Weg und Wahrheit und Leben ist. Denn wer den Weg seines Lebens richtig einschlägt, wer nach seiner Wahrheit fragt, der wird Jesus von Nazaret zum Wegbegleiter haben. Er wird nicht allein seiner Wege gehen müssen. Er wird sich nicht verirren. Er wird nicht auf Holzwegen umkehren müssen. Er wird den Weg bis zum Ziel gehen können und das Leben erlangen.

Jesus Christus, mit dem Glaubenszweifler Thomas, der nicht glauben, sondern sehen wollte, frage auch ich: „Herr, wir wissen nicht, wohin du gehst. Wie sollen wir dann den Weg kennen?" Schenke mir aber die gelebte Einsicht aus deiner Antwort: „Ich bin der Weg und die Wahrheit und das Leben. Niemand kommt zum Vater außer durch mich." An dich will ich mich halten und mit Thomas sprechen: „Mein Herr und mein Gott."

Meinen Frieden gebe ich euch
(Joh 14,27)

Herr Jesus Christus, ich weiß, du bist der Friedensbringer. Mit deiner Frohen Botschaft versöhnst du die Menschheit mit Gott und bringst Frieden allen Menschen guten Willens. Doch höre ich auch dein Wort, daß du nicht gekommen bist, Frieden zu bringen, sondern um Feuer auf die Erde zu werfen.

Frieden und Unfrieden erfahre ich gleichermaßen in meinem Leben. Wie kann ich dies deuten? Wenn du sagst, daß du nicht gekommen bist, um Frieden zu bringen, so kann dies nur die Warnung vor einem falsch verstandenen Frieden sein. Um deines Namens willen werden sich Menschen entzweien, das zeigt mir deine Person selber, das zeigt mir der Verlauf der Geschichte unserer Kirche, dies sehe ich aus dem Leben unserer Heiligen. Du willst, daß das Recht bleibt, daß die Würde der Menschen nicht unterdrückt wird, daß die Freiheit des Glaubens gelebt werden darf. Wo dies nicht der Fall ist, dürfen wir nicht in falsch verstandener Friedenssehnsucht klein beigeben. Dann müßten wir aufstehen, da muß es Auseinandersetzungen um deines Namens willen geben.

Nur dort, wo Frieden seinen Halt in dir sucht, wird es mehr sein als ein trügerischer Friede. Du verheißt uns keinen Frieden, wie die Welt ihn gibt, keinen Scheinfrieden, faule Kompromisse, Waffenstillstände, kalte Kriege. „Frieden hinterlasse ich euch, meinen Frieden gebe ich euch", bedeutet immer, zunächst nach deinem Willen zu fragen. Feststehen in dir gibt innere Sicherheit und Gelassenheit im Umgang mit Menschen und den Mächten dieser Welt.

Der Friede, den alle Welt sucht und herbeireden möchte, entsteht nicht allein aus einem Schweigen der Waffen, so sehr wir dies brauchen. Der wahre Friede kommt von dir und ist nicht von dieser Welt. Solange dein Reich auf unserer Erde nicht vollendet ist, werden wir mit Unfrieden zu tun haben. Herr, laß mich keinen falschen Frieden schließen und dir gegenüber keine unrechten Zugeständnisse machen. Gib mir Frieden in mein Herz, damit ich ihn weitertragen kann. Wir alle brauchen dazu die Kraft deines Heiligen Geistes, des Trösters und Beistands, den du uns verheißen hast. Um den Heiligen Geist bitten wir, den der Vater in deinem Namen senden wird und der uns an alles erinnert, was du uns gesagt hast.

Ich bin der Weinstock; ihr seid die Reben
(Joh 15,5)

Herr Jesus Christus, deine Gleichnisworte sind getreu überlieferte Reden an uns. Mit Beispielen und Bildern aus deiner und unserer Lebenswelt erschließt du uns wertvolle Zusammenhänge für unsere geglückte Existenz in dir.

Du bezeichnest dich als den wahren Weinstock und deinen Vater als den Winzer. Er schneidet jede Rebe ab, die keine Frucht bringt, und jede Rebe, die Frucht trägt, reinigt er, damit sie mehr Ertrag bringen kann. Hier finde ich mich mit meinem Leben von deinem Anspruch getroffen. Am Tage der Rechenschaft erwartest du, daß ich dir Ergebnisse meines Daseins vorweisen kann. Vor dir ist es nicht ausreichend, wenn ich niemanden umbrachte, nichts gestohlen, die Ehe nicht gebrochen oder andere nicht belogen und getäuscht habe. Dein Gebot zur Gottes- und Nächstenliebe erwartet von mir, daß ich Traurige tröste, Kranke besuche, Gebeugte aufrichte, Hungernden zu essen und Nackten Kleidung gebe.

Trotz dieser Erwartung an mich stellst du mich unter keinen Leistungsdruck. Du kennst mich und weißt, was ich zu vollbringen vermag. Vor dir zählt jedes Leben einzeln. Je nach den Talenten, die einer von dir erhalten hat, mißt du ihn. Auch mein kleinster Versuch zum Guten ist vor dir nicht vergeben. Das Widerprüchliche und Dunkle meines Lebens deckst du zu, wenn ich nur die Verbindung mit dir wieder suche. Denn diese Verheißung fügst du deinen Forderungen hinzu: „Wer in mir bleibt und in wem ich bleibe, der bringt reiche Frucht."

Herr Jesus, ich weiß, daß ich getrennt von dir nichts tun kann. Laß mich deshalb immer deiner Nähe sicher sein. Du willst mir nicht nur in besonders weihevollen Stunden meines Lebens begegnen, sondern jeden Tag aufs neue durch die Schönheit der Natur, durch das Zusammensein mit Menschen, durch mein Gebet zu dir, durch das Lesen der Heiligen Schrift, durch Gottesdienst und Sakrament.

Damit wir uns nicht von dir trennen, damit wir unseren Glauben prüfen können, hast du uns in deine Kirche berufen. Sie verkündet in Treue dein Wort, sei es gelegen oder ungelegen. Sie spendet die Sakramente als Zeichen deiner Anwesenheit und des Heils. Deshalb bitte ich an dieser Stelle für alle, die deine Einladung zu Gottesdienst und Sakrament nicht wahrnehmen. Führe sie dorthin, wo du anzutreffen bist. Gib ihnen ein Gespür dafür, was sie an Wesentlichem versäumen, wenn sie nicht in deiner Kirche leben.

Für unsere Kirche aber bitte ich, daß sie allen, die sich von dir entfernt haben, nachgehen möge. Mit unserem Papst, unseren Bischöfen, Priestern, Ordensleuten und allen anderen Gläubigen möge unsere Kirche das Frohmachende deiner Botschaft allen bis an die Grenzen der Erde vermitteln. Denn dies dürfen wir von dir wissen: „Wenn ihr in mir bleibt und wenn meine Worte in euch bleiben, dann bittet um alles, was ihr wollt: Ihr werdet es erhalten."

Nicht ihr habt mich erwählt, sondern ich habe euch erwählt
(Joh 15,16)

Herr Jesus Christus, zu Zeiten, in denen es mir mit meinem Glauben an dich gut geht, halte ich alles für selbstverständlich: daß ich in dir geborgen bin, daß ich in dir festen Halt habe. Zu wenig wird mir dann bewußt, daß mein Glaubenkönnen immer dein Geschenk an mich ist, das ich nicht verdient habe, deine Gnade.

Darum ist es gut, wenn ich mir dein Wort neu bewußt mache: „Nicht ihr habt mich erwählt, sondern ich habe euch erwählt."
Nicht wir Menschen haben uns erschaffen. Es war die Großtat Gottes, deines Vaters und unseres Vaters.
Nicht wir haben unsere Eltern und Familien ausgesucht, sondern dein geheimnisvoller Ratschluß.
Nicht wir haben uns die Fähigkeiten und Möglichkeiten unserer Hände und unseres Geistes gegeben. Du vielmehr hast uns alles anvertraut, damit wir nach deinem Willen unser Leben und unsere Welt gestalten. Nicht wir haben die Menschen gefunden, die für unser Leben wichtig wurden,

unsere Angehörigen und Freunde. Du hast sie vielmehr an unsere Seite gestellt.
Nicht unserer eigenen Tüchtigkeit verdanken wir unser Hab und Gut, sondern den Umständen, die

uns vor Menschen in anderen Teilen unserer Erde bevorzugen.

Ebenso verhält es sich mit unserem Glauben an dich. Zuerst sprichst du uns an und kommst zu uns. Wir können nur antworten und dankend annehmen, was du uns anbietest.

Danke, Herr, für diesen Glauben an dich. Ohne ihn wäre mein Leben arm. Ohne ihn würde ich manchmal verzweifeln wollen. Ohne ihn würde mir das Größte und Wichtigste in meinem Dasein fehlen.

Danke für den Glauben an dich, den wahren und lebendigen Gott. Laß mich aber auch vernehmen, daß mit diesem Glauben eine Sendung für unsere Welt verbunden ist: „Ich habe euch dazu bestimmt, daß ihr euch aufmacht und Frucht bringt, und daß eure Frucht bleibt." Deshalb will ich meinen Glauben nicht für mich allein behalten. Darum sollen die Menschen an meiner Seite etwas von deinen großen Taten erfahren.

Um dies bitte ich dich: Laß meinen Glauben Frucht bringen, damit ich anderen durch mein Leben deine Nähe spürbar werden lassen kann. Halte mich in deiner Liebe geborgen, damit ich meinen Mitmenschen das Leben nicht erschwere und sie zum Zweifeln an dir bringe. Du nennst uns Freunde, wenn wir tun, was du uns aufträgst. So laß mich deinen Willen erfüllen in dem Wissen, daß ich dir alles verdanke, gerade auch meinen Glauben und meine Auserwählung durch dich.

Euer Kummer wird sich in Freude verwandeln
(Joh 16,20)

Gott, himmlischer Vater, ich denke an die vielen Menschen in Trauer, Sorge, Not und Kummer. Zu Recht haben frühere Zeiten unsere Erde als ein Jammertal bezeichnet. Mich bedrückt die Trauer von Menschen, die den Ehemann, die Ehefrau, das Kind, die Eltern, den Vertrauten und Anvertrauten durch ein schlimmes Schicksal verloren haben. Ich sorge mich mit denen, die keine Grundlage für ihr Leben mehr erkennen. Mein Gedenken gilt den vielen, die bei Verkehrsunfällen und anderen Unglücken für ihr ganzes Leben lang verstümmelt wurden. Viele unter uns sind es, deren Gemüt schwer ist, die die Sonne am Himmel nicht wahrnehmen und die Freude des Daseins nicht empfinden können. Mein Gedanke geht auch zu denen unter uns, die ihren Tagen selber ein Ende bereiten möchten, weil sie keinen Ausweg für sich mehr sehen. Dann aber werden mir auch jene bewußt, die durch ihr Verhalten und ihre Taten anderen Kummer bringen, deren Leben zerstören.

Gott und Vater, unsere Welt ist voll des Leids. Ich weiß, du hast es nicht geschaffen. Aber du läßt es zu. Du möchtest jedoch auch, daß ich Jesus höre, der mir und allen anderen sagt: „Ihr werdet weinen und klagen, aber die Welt wird sich freuen. Ihr werdet bekümmert sein, aber euer Kummer wird sich in Freude verwandeln." Jetzt ist unser Weinen und Klagen traurige Wirklichkeit und schlimmer noch deshalb, weil es in einer Welt ohne dich Menschen gibt, die sich darüber noch freuen. Unser Kummer aber soll in Freude verwandelt werden, lautet deine frohmachende Botschaft. „Wenn die Frau gebären soll, ist sie bekümmert, weil ihre Stunde da ist; aber wenn sie das Kind geboren hat, denkt sie nicht mehr an ihre Not über der Freude, daß ein Mensch zur Welt gekommen ist."

Die Hoffnung auf dich, den Gott meines Lebens, möge neu in mir geboren werden. Bei aller Trauer und in jedem Kummer laß mich wissen, daß dein Lohn für alle irdische Plage die unvergängliche Freude bei dir sein wird. Aus diesem Glaubenswissen heraus tröstest du meine Trauer, linderst du meinen Schmerz, erhellst du alles Dunkel, hilfst du meinen Kummer tragen.

Höre jedoch mein Gebet für alle, die deinen Trost nicht verspüren. Mit deinem Beistand laß sie ihr Schicksal bewältigen und einmal erfahren, daß die Botschaft Jesu auch ihnen gilt: „Jetzt seid ihr bekümmert, aber ich werde euch wiedersehen; dann wird euer Herz sich freuen, und niemand nimmt euch eure Freude."

Bittet, und ihr werdet empfangen
(Joh 16,24)

Herr und Gott, unsere Welt ist voll von unerhörten Gebeten. Menschen zu allen Zeiten haben sich in ihrer Not an dich gewendet. Sie haben auf dein Wirken gehofft, mit Wundern gerechnet. Dein Ratschluß zeigt sich oft aber anders als unser menschliches Wunschdenken.

Ich denke an die Mutter, die für ihr krankes Kind um Gesundung betet, aber nicht erhört wird. Da ist die Ehe, in der ein Partner meint, ausbrechen zu müssen, um sein Glück zu finden; Tränen und Verzweiflung bleiben als Ergebnis. Viele sprechen ihre Gebete, damit ein Angehöriger von seinem falschen Weg zurückkehrt. Doch sein Leben ändert sich nicht. Ungezählte hungern und dürsten nach Gerechtigkeit, möchten ihren Glauben frei ausüben können. Doch sie werden weiterhin unterdrückt. Das Heer der Beter ist unübersehbar, die um Bekehrung der Welt zu dir bitten, um Frieden und Verständigung zwischen den Völkern. Doch die Sünde bleibt eine schlimme Wirklichkeit. Echter Friede ist ferner denn je.

Herr, angesichts dieser vielen unerhörten Gebete frage ich mich, wie ich das Wort Jesu Christi verstehen kann: „Bittet, und ihr werdet empfangen." Eines ist mir klar: Deine Weisheit ist größer als meine. Auch wenn für uns Unfaßbares geschieht, du läßt es zu und verbindest damit eine Botschaft an uns. So haben viele Menschen erst in ihrer Not

71

zu beten gelernt. So wurde aus manchen Krankheiten Segen, weil erst dann eine Existenz dich finden konnte. So ist aus tiefer Trauer neue Zuversicht auf das Leben bei dir gewachsen.

Laß mich nicht aufhören zu beten. Am Anfang meines Gebets sollen Dank und Lobpreis für dich, den großen Gott, stehen. Jesus verheißt uns nicht die Erhörung eines jeden Anliegens. Vielmehr sollen wir in seinem Namen beten, dann werden unsere Bitten erhört. In seinem Namen zu beten, heißt auch mit seinen Worten zu sprechen: „Doch Vater, nicht mein Wille geschehe, sondern der deine." So seien alle meine Bitten an dich eine Frage nach deinem größeren Willen. Wenn ich meine Nöte vor dich hintrage, so laß mich dabei immer wissen, daß deine Wege nicht unsere Wege und deine Gedanken nicht unsere Gedanken sind. Hilf mir, Herr, daß ich mich im Gebet deines Willens versichere. Wenn ich deine Wege einsehe und verstehe, werden meine Nöte kleiner. Dann werde ich Erhörung empfangen, auch wenn mein eigener Wunsch nicht erfüllt wurde. Deinen Willen zu verstehen ist der größte Trost, den wir erhalten können, damit unsere Freude vollkommen werde.

...damit sie eins sind wie wir
(Joh 17,11)

Herr und Gott, im hohenpriesterlichen Gebet wie an anderen Stellen der Frohen Botschaft bittet Jesus um Einheit der Menschen mit dir und um Einheit der Menschen untereinander. So lange die Christenheit besteht, gab es jedoch Abspaltungen von deiner Kirche. In deinem Namen haben Menschen Kriege geführt und bekämpfen sie sich noch heute. Jede Trennung und Abspaltung, jeder Glaubenskampf aber richtet sich gerade gegen deine Weisung zur Einheit.

Gott und Vater, du allein kannst zuwege bringen, was wir zerrissenen Menschen nicht schaffen. So bitte ich dich um die Einheit der Welt. Alle Menschen, gleich welcher Rasse und Farbe, sind deine Geschöpfe. Ein jeder ist vor dir gleich viel wert. Hilf uns, Mittel zu finden, die zu mehr Verständnis, Ausgleich und Frieden führen. Lenke die Herzen aller unserer Politiker zum Geist des Friedens und der Gerechtigkeit. Laß nicht zu, daß sie ihre Ämter zur persönlichen Bereicherung, zu Ausübung von Macht, zu willkürlicher Herrschaft gebrauchen. Sende ihnen deinen Heiligen Geist, damit sie ihre Gesinnung dir, dem ewigen Gott, zuwenden und ihre Aufgaben nach deinem Willen erfüllen.

Gott und Vater, ich bitte aber auch für deine getrennte Kirche auf Erden. Laß alle Christen das Gemeinsame deiner Botschaft erkennen, und hilf, das Trennende zu überwinden. In unserer kleiner gewordenen Welt sollen wir aber auch in Frieden mit Menschen anderer Religionen zusammenleben. Schenke uns ihnen gegenüber Verständnis. Allen Gottsuchenden aber gib den Geist der Wahrheit, der du bist, in dem sie dich finden können. Verleih uns aber auch die Gabe der Geduld, damit wir die bestehende Trennung noch aushalten und keine übereilten Schritte tun. Den eingeschlagenen Weg zur Einheit aber laß uns voller Mut weitergehen, gemäß dem Auftrag Jesu Christi.

Gott und Vater, ich bitte aber auch um Einheit in mir selber. Manchmal bin ich zerrissen und erkenne mich selber kaum. Du weißt, ich will das Gute. Doch bin ich noch immer anfällig für das Böse. Stärke in mir den einen Willen, deine Gebote zu erfüllen. Schenke mir deinen Geist, damit ich das Richtige auch erkenne. Gib mir die Kraft, auch gegen einen Zeitgeist zu handeln, wenn mein Gewissen dies fordert. Uns allen in unserer Kirche, in anderen christlichen Konfessionen, verbunden mit allen Gottsuchenden schenke die Erfüllung der Bitte Jesu: „So sollen sie vollendet sein in der Einheit, damit die Welt erkennt, daß du mich gesandt hast und die Meinen ebenso geliebt hast wie mich."

Es ist vollbracht
(Joh 19,30)

Herr Jesus Christus, du hast das Kreuz des Lebens getragen – auch für mich. Du bist mir den Weg des Lebens vorangegangen und hast dich erniedrigt bis zum Tod am Kreuz. Obwohl du dich der menschlichen Macht und Bosheit unterworfen hast, bist du der eigentliche Sieger geblieben. Beim Verhör vor Pilatus weist du ihn darauf hin: „Mein Königtum ist nicht von dieser Welt. Wenn es von dieser Welt wäre, würden meine Leute kämpfen, damit ich den Juden nicht ausgeliefert würde. Aber mein Königtum ist nicht von hier." Dein Königtum, Herr Jesus Christus, ist das Reich Gottes, das Reich des Friedens und der Gerechtigkeit, das du für uns geöffnet hast: „Ich bin ein König. Ich bin dazu geboren und in die Welt gekommen, daß ich für die Wahrheit Zeugnis ablege. Jeder, der aus der Wahrheit ist, hört auf meine Stimme."

Doch nicht alle wollen deine Wahrheit hören. Darum haben sie dich damals ans Kreuz geschlagen, darum wenden sich heute viele von dir ab. Und doch hast du das Kreuz auch für sie getragen. Mit jeder eigenen Sünde und mit aller Schuld dieser Welt muten wir dir neu den Kreuzweg zu. Aber noch vom Kreuz herab, in der Stunde deines Todes, gibst du uns deine Mutter als unsere Mutter. Maria darf für uns den gleichen liebenden Platz einnehmen wie in deinem Leben. Sie ist die Mutter unseres Glaubens und unserer Kirche. Sie

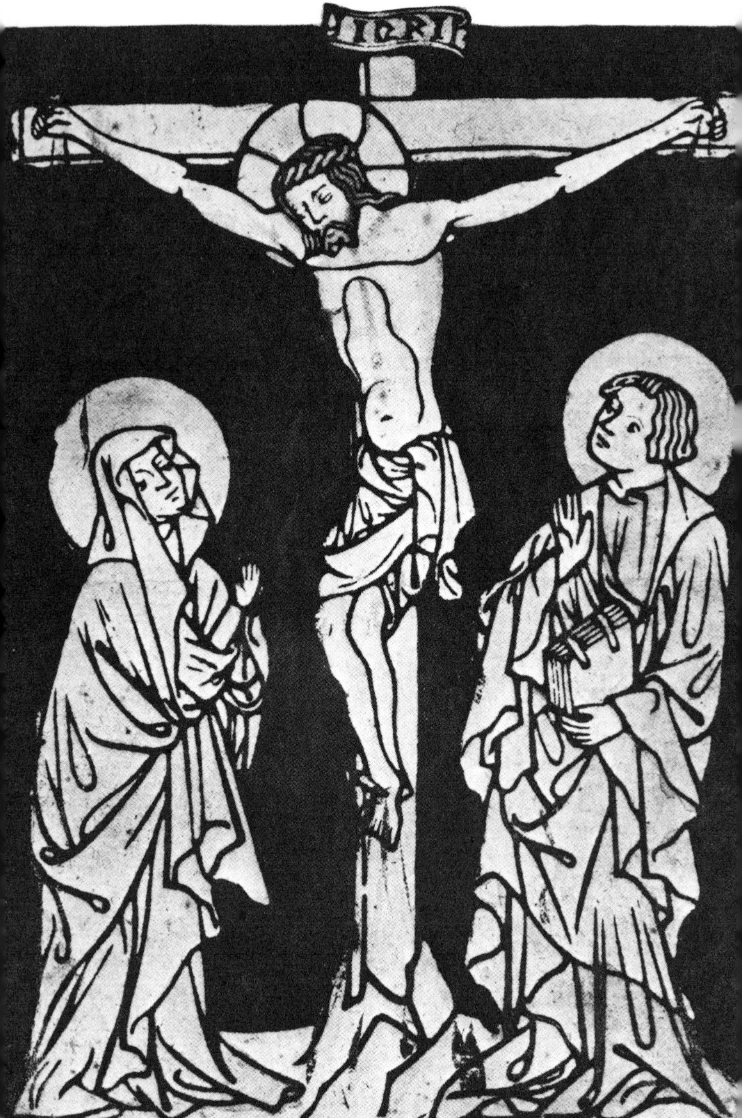

ist nicht vom Kreuz weggelaufen, sondern hat ausgehalten, um dich in deiner einsamsten Stunde zu stärken.

„Es ist vollbracht", waren deine letzten irdischen Worte. Du hast dem Versucher nicht nachgegeben, als er Steine zu Brot verwandeln und dir alle Reiche der Welt übergeben wollte. Du hast dich nach der wunderbaren Speisung der Fünftausend nicht zum irdischen König ausrufen lassen. Dein Einzug in Jerusalem blieb für dich kein weltlicher Triumphzug, sondern wurde zum Beginn deiner Leidenszeit.

Es ist vollbracht, daß du die Sendung deines Vaters in unserer Welt erfüllt hast.
Es ist vollbracht, daß du mit deinem Leiden und Sterben uns den neuen Zugang zum Vater eröffnet hast.
Es ist vollbracht, daß du mit dem Kreuz auch meine Schuld getragen und geläutert hast.
Es ist vollbracht, daß ich durch deine Tat nach dieser Zeit Anteil an deinem Leben beim Vater haben darf.

Warum weinst du?
(Joh 20,13)

Herr Jesus Christus, Maria von Magdala war eine der Frauen, die unter dem Kreuz ausgehalten hatten. Jetzt, da sie an deinem Grab den einzigen Dienst, der zu tun noch möglich war, dir leisten wollte, findet sich dich nicht mehr: „Man hat meinen Herrn weggenommen, und ich weiß nicht, wohin man ihn gelegt hat." Dich, den Auferstandenen, erkannte sie nicht und bricht in Tränen aus. Erst als du sie mit ihrem Namen ansprichst, gehen ihr die Augen auf.

Herr, ich bitte dich, öffene auch mir die Augen, damit bei allem Leid mein Blick für dein lebendiges Wirken nicht verschleiert sei. Auch mich fragst du: Warum weinst du? Siehst du nicht, daß ich den Tod überwunden habe, auch für dich? Glaubst du nicht an mein fortgesetztes Wirken in dieser Welt? Erkennst du nicht, daß das Leid getröstet und das Böse in der Welt bereits überwunden ist?

Warum weinst du? Denke doch daran, wie ich dich durch alle Stationen deines Lebens begleitet habe. Von Anfang an durftest du bei mir Zuflucht suchen. Durch schwierige Wegstrecken hindurch habe ich dich geführt. Wenn du meintest, es ginge nicht weiter, hast du durch mich einen neuen Weg gefunden. Wo Hoffnungen zerschlagen waren, haben sich neue Möglichkeiten aufgetan. Wo der Schmerz zu groß wurde, kam durch mich Linde-

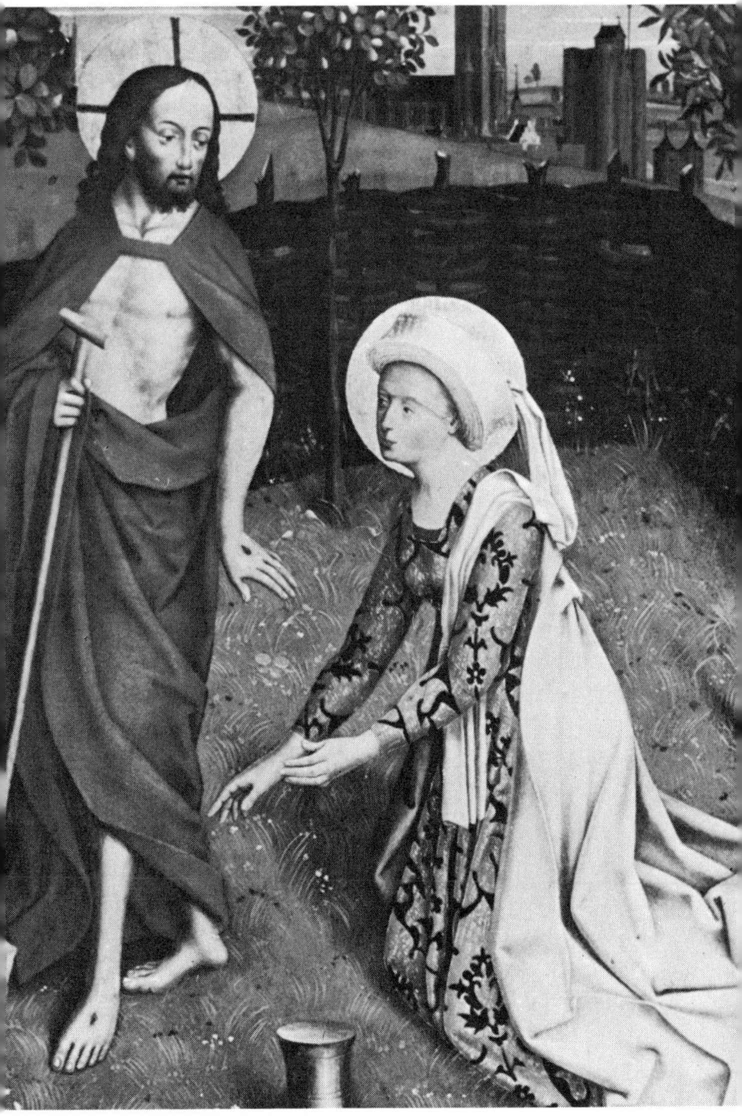

rung. Als du mutlos warst, habe ich dir neue Zuversicht gegeben. In deinen Enttäuschungen habe ich dir neuen Mut zugesprochen. Wo jeglicher Sinn verloren schien, habe ich dir neu die Treue meines Handelns gezeigt.

Warum weinst du? Hast du nicht durch mich die Worte des Lebens erhalten? Du weißt doch, daß es im Hause meines Vaters viele Wohnungen gibt und daß ich vorausgegangen bin, dir einen Platz zu bereiten. Ich habe auch dich geheilt, als deine Schritte wie gelähmt waren und du glaubtest, nicht mehr weiter zu können. Auch dich habe ich sehend gemacht für die Wunder dieser Welt. Dir habe ich Worte in den verschlossenen Mund gelegt, damit du meinen Namen wieder preisen konntest.

Warum weinst du? Ich habe die Welt überwunden und allen, die an mich glauben, verheißen, daß sie Anteil haben dürfen an der Herrlichkeit mit meinem himmlischen Vater. Ich habe mich vor den Menschen geoffenbart als der Messias, der Sohn des lebendigen Gottes, der in die Welt gekommen ist, damit kein einziger von denen verloren gehe, die mir anvertraut sind. Ich habe zugesagt, daß ich bei euch sein werde alle Tage bis zum Ende der Zeiten.

Warum also weinst du?

Mein Herr und mein Gott
(Joh 20,28)

„Friede sei mit euch! Wie mich der Vater gesandt hat, so sende ich euch." Mit diesem Sendungswort beauftragst du, Herr Jesus Christus, deine Jünger für ihre Aufgaben am Wachsen des Reiches Gottes in unserer Welt. Ich gleiche deinem Jünger Thomas, der bei dieser Sendungsstunde nicht mit dabei war. Denn mit ihm spreche ich immer wieder durch Taten meines Lebens: „Wenn ich nicht sehe, glaube ich nicht." Obwohl ich weiß, daß Glaube vom Hören kommt, bin ich nicht genügend bereit, deine Botschaft in mein Inneres ganz eindringen zu lassen. Auch wenn mir bekannt ist, daß glauben hoffen auf etwas, das noch aussteht, bedeutet, erwarte ich schon jetzt die volle Erfüllung. Obwohl du dem Thomas wie mir zusagst: „Selig sind, die nicht sehen und doch glauben", halte ich mich lieber an Begreifbares, Festes, Konkretes.

Jesus Christus, mein Herr und mein Gott, ich weiß, diese Haltung ist nicht richtig. Wie du deinem Apostel Thomas in seinen Zweifeln geholfen hast, so wirst du auch mich mit meinen Fragen nicht allein lassen: „Streck dein Hand aus, und leg sie in meine Seite, und sei nicht ungläubig, sondern gläubig."

Mit deiner Kraft und deinem Heiligen Geist kann ich feststehen in dem, was du mir verheißen hast. In meinem Leben finde ich dich, wo immer ich dich suche, so wie im Zeugnis der Heiligen Schrift geschrieben steht: „Noch viele andere Zeichen, die in diesem Buch nicht aufgeschrieben sind, hat Jesus vor den Augen seiner Jünger getan. Diese aber sind aufgeschrieben, damit ihr glaubt, daß Jesus der Messias ist, der Sohn Gottes, und damit ihr durch den Glauben das Leben habt in seinem Namen."

Herr Jesus Christus, nimm meinen Dank entgegen für die vielen Zeugnisse deiner Gegenwart. Laß mich und alle Welt nicht ungläubig sein, sondern gläubig. Nicht auf das Sehen will ich angewiesen sein, sondern auf das Glauben, damit ich alle Tage neu sprechen kann wie der bekehrte Thomas: „Mein Herr und mein Gott."

Herr, du weißt alles, du weißt, daß ich dich liebhabe
(Joh 21,17)

Jesus Christus, mein Bruder und Herr, du nimmst den Petrus streng ins Gericht, als du ihn bei deiner Erscheinung am See Gennesaret dreimal fragst: „Simon, Sohn des Johannes, liebst du mich?" Bei der ersten Antwort war sich Simon noch sicher. Als du ihm ein zweites Mal die gleiche Frage stelltest, geriet er in Bedrängnis, und beim dritten Mal bricht es dann aus ihm heraus: „Herr, du weißt alles, du weißt, daß ich dich liebhabe."

Ich stelle mir vor, daß das Leben des Petrus wie von einem Blitz erhellt vor seinen Augen aufleuchtet. Er durfte von Anfang an ganz in deiner Nähe sein und Zeuge deiner Wundertaten werden. Ihm war es vergönnt, deine Lehre von der angebrochenen Herrschaft Gottes unmittelbar in sich aufzunehmen. Er hörte aus deinem Mund deinen Ruf zur Umkehr. Er durfte in Caesarea Philippi auf die Eingebung des Heiligen Geistes das große Glaubensbekenntnis sprechen: „Du bist der Messias, der Sohn des lebendigen Gottes." Auf dem Berg der Verklärung erkannte er, daß du nicht nur einer der großen Propheten bist, sondern Gott auf unserer Erde.

Gleichzeitig aber wird Petrus sein eigenes Versagen schmerzlich bewußt geworden sein, als er in der Stunde deines Verhörs mehrfach vorgab: „Ich kenne diesen Menschen nicht."

Dennoch, Herr, hast du ihm deine besondere Hirtensorge anvertraut: „Weide meine Schafe." Dafür kann ich nur danken, weil ich mich im Leben des Simon Petrus wiederfinde. Auch ich durfte deine großen Taten in meinem Leben erfahren. Auch mir ist deine Gottessohnschaft bewußt. Auch ich darf teilhaben an deiner Verklärung. Und dennoch gibt es auch in meinem Leben Ereignisse, bei denen ich dich nicht kennen möchte, bei denen ich mich von dir abwende, wo ich hoffe, dir entfliehen zu können.

Jesus Christus, ich danke dir für dein Verzeihen dem Simon Petrus gegenüber und bitte um Vergebung all meiner Schuld. Ich danke aber auch für das Wort des heiligen Petrus. Mit ihm spreche ich im Blick auf mein Leben:
Herr, du kennst mein Leben, meine Schwächen und Stärken, meinen Zweifel und meinen Glauben. Vor dir ist nichts verborgen. Du weißt, wann ich dir nahe war und wann ich mich vor dir verbergen wollte. Auch das, was Menschen nicht bekannt ist, du weißt es von Anfang an. Du, Herr, weißt alles. Du weißt aber auch, daß ich dich in allem gesucht habe, daß ich dich gegen nichts und niemanden verraten möchte, daß du das größte Gut meines Lebens bist, daß ich dich liebhabe mit meinem ganzen Herzen. Amen.

Zu den Abbildungen

S. 10 Ute mit gefalteten Händen. Bronzeplastik von Gerhard Marcks. Entstanden 1945. Wallraf-Richartz-Museum, Köln. Foto: Archiv
S. 12 Morgenlicht. Foto: foto present, Essen
S. 16 Die Heilung der Schwiegermutter des Petrus. Miniatur aus dem Egbert-Codex, entstanden um 1000 in der Reichenauer Schule. Stadtbibliothek Trier. Foto: D. Thomassin, Trier
S. 18 Christus verkündet seinen Jüngern den Heiligen Geist. Miniatur aus dem Perikopenbuch Heinrichs II., das König Heinrich 1012 zur Weihe der Hauptkirche in Bamberg gestiftet hatte. Entstanden in der Reichenauer Schule. Bayerische Staatsbibliothek, München. Foto: Archiv
S. 23 Pieta. Marmorne Skulptur von Michelangelo Bounarroti in St. Peter, Rom. Entstanden 1499 im Auftrag des französischen Kardinals Jean de Bilhères für das Französische Mausoleum, wo sie bis zu dessen Zerstörung 1544 stand. Foto: Archiv
S. 25 Die Hochzeit zu Kana. Miniatur aus dem Egbert-Codex, der um 1000 in der Reichenauer Schule entstand. Stadtbibliothek Trier. Foto: D. Thomassin, Trier
S. 28 Weizen, vor der Blüte. Foto: Lothar Nahler, Hillesheim
S. 33 Der Schöpfer, die Welt mit dem Zirkel messend. Österreichische Nationalbibliothek, Wien
S. 38 Der Sturm auf dem Meer. Miniatur aus dem Hilta-Codex. Entstanden um 1020 in Meschede. Hessische Landes- und Hochschulbibliothek, Darmstadt. Foto: Ars liturgica, Kunstverlag Maria Laach
S. 40 Das letzte Abendmahl. Tabernakelrelief von F. Eberhard in der Pfarrkirche in Hinterstein/Allgäu. Entstanden um 1805. Foto: Lala Aufsberg, Sonthofen
S. 47 Das Antlitz Jesu Christi. Lithographie von Odilon Redon. Entstanden 1896. Städelsches Kunstinstitut, Frankfurt. Foto: Archiv
S. 51 Die Erweckung des Lazarus. Ausschnitt aus einer Miniatur aus dem Speyerer Evangeliar. Entstanden 1197. Badische Landesbibliothek, Karlsruhe. Foto: Ars liturgica, Kunstverlag Maria Laach
S. 53 Grabkreuze aus Tirol. Foto: Christa Petri, Regensburg
S. 57 Stacheldraht. Symbol für den entrechteten, gedemütigten, leidenden Menschen. Foto: Christa Petri, Regensburg

S. 66 Christus, der Lehrer. Steinfigur von der Kathedrale zu Chartres. Entstanden um 1150, ursprünglich bemalt. Foto: Archiv

S. 71 Christus am Ölberg. Ausschnitt aus dem rechten Seitenflügel des Blutaltars von Tilman Riemenschneider in der St. Jakobskirche zu Rothenburg ob der Tauber. Entstanden 1499–1504. Foto: Archiv

S. 76 Christus am Kreuz mit Maria und Johannes. Einblattholzschnitt. Entstanden um 1420 in Bayern oder Salzburg. Staatliche Graphische Sammlung, München. Foto: Archiv

S. 79 Maria von Magdala begegnet dem Auferstandenen. Tafel aus dem Georgsaltar von Friedrich Herlin. Stadtmuseum Nördlingen, Foto: Archiv